Duh, Duša i Telo II

Priča o duhovnom svetu razvijenom u prostoru!

Duh, Duša i Telo II

Dr. Džerok Li

Duh, Duša i Telo II autor Dr. Džerok Li
Objavile Urim knjige (Predstavnik: Seongnam Vin)
73, Yeouidaebang-ro 22-gil, Dongjak-Gu, Seoul,
Koreja www.urimbooks.com

ISBN: 979-11-263-0416-5 04230
ISBN: 979-11-263-0277-2 (set)

Prvo izdanje, jун 2018

Prethodno objavila na korejskom jeziku Urim knjige u 2010.g.

Uredio dr. Geumsun Vin
Dizajnirao urednički biro Urim Books
Štampa Prione Printing
Za više informacija molimo kontaktirajte: urimbook@hotmail.com

Predgovor

Od vremena kada sam ja prihvatio Isusa Hrista i počeo da čitam Bibliju, počeo sam da se molim da duboko razumem srce Boga. Bog mi je odgovorio posle sedam godina nebrojenih molitvi i posta. Nakon što sam otvorio crkvu, Bog mi je objasnio mnogo teških odlomka u Bibliji kroz inspiraciju Svetog Duha, od kojih je jedan detaljan sadržaj koji se odnosi na „Duh, Dušu i Telo." Ovo je misteriozna priča koja nam dopušta da razumemo postanak čoveka i dozvoljava nam da razumemo sami sebe. To je objašnjenje koje nisam mogao da nigde drugde da čujem, i moja je radost velika van svakoga opisa.

Kada sam preneo ove poruke o duhu, duši i telu, bilo je mnogo svedočenja i odgovora sa obe strane i u Koreji i van nje. Mnogi su rekli da su shvatili sebe same, da su razumeli koja vrsta bića su bili, i dobili odgovore na mnoge teške odlomke iz Biblije kao što su i razumeli put kako da dobiju istinski život. Neki od tih ljudi kažu da sada imaju za cilj da postanu osobe od duha i imaju udela u božanskoj prirodi Boga i oni se bore da to dostignu kao što je zapisano u 2. Petrovoj Poslanici 1:4, gde čitamo: *„Kroz koje se nama darovaše časna i prevelika obećanja, da njih radi imate deo u Božjoj prirodi, ako utečete od telesnih želja ovog sveta."*

Sun Cuovo (Sun Tzu) Umeće ratovanja govori da ako poznajete sebe i vašega neprijatelja, vi nikada nećete da izgubite ni jednu bitku. Poruka u knjizi „Duh, duša i telo" baca svetlost na duboki deo našeg „bića" i uči nas o čovekovom začetku. Jednom kada potpuno naučimo i razumemo ovu poruku, mi ćemo takođe biti u mogućnosti da razumemo svaku vrstu osobe. Mi ćemo tako naučiti puteve da pobedimo mračne sile, koje su uticale na nas, tako da možemo da vodimo pobednički Hrišćanski život.

Tom 2 knjige Duh, Duša i Telo detaljno će objasniti o poreklu Boga Stvoritelja, ogromnom duhovnom prostoru i prostoru svetla u kome će boraviti naš duh. Tu su i slike u boji koje će vam pomoći da bolje razumete oblik Boga i prostora. Jednom kada mi razumemo tajne prostora i postanemo osoba potpunog duha mi možemo da se krećemo van ljudskih granica i koristimo Božji prostor i čak možemo da vidimo oblik Boga. Zato je Isus u

Jevanđelju po Jovanu 14:12 rekao: „*Zaista, zaista vam kažem: koji veruje Mene, dela koja Ja tvorim i on će tvoriti, i veća će od ovih tvoriti; jer Ja idem k Ocu Mom.*"

Želio bih da se zahvalim direktoru Geumsun Vinu i kompletnom osoblju uređivačkog biroa. Nadam se da će se čitaoci kroz ovu knjigu kvalifikovati da uđu u mesto svetlosti i osetiti čuda Božjeg prostora.

Mart 2010,

Džerok Li

Početak drugog putovanja duha, duše i tela

„A sam Bog mira da posveti vas cele u svačemu; i ceo vaš duh i duša i telo da se sačuva bez krivice za dolazak Gospoda našeg Isusa Hrista"
(1. Poslanica Solunjanima 5:23).

Danas je sajber prostor otvoren svima koji imaju pristup internetu ali ga ljudi koriste u onoj meri koliko oni poseduju znanja o kompjuterima i kolika je njihova veština u korišćenju interneta. Isto tako, do te mere do koje mi možemo da razumemo Božji prostor, do te mere mi možemo da razumemo neverovatna čuda u Bibliji i osetimo takva dela u svakodnevnom životu.

Biblija nam spominje mnoga događanja iz kojih mi možemo da razumemo Božje prostore. Kad je Stefan kamenovan i kad je zbog toga umro kao mučenik Nebeska vrata se otvoriše i on vide Sina Čovečjeg koji je stajao desno od Boga (Dela Apostolska). Ovo je bilo moguće zato što je Bog otvorio prostor Četvrtog neba. Petar je bio zatvoren dok je propovedao jevanđelje ali je bio oslobođen uz pomoć anđela. Apostol Pavle je imao slično iskustvo kada je bio stavljen u zatvor u gradu Filipi. Bog je otvorio prostor Trećeg neba kako bi poslao moćnog anđela koji je pokidao lance i otvorio kapije.

Jednom kada kultivišemo srce potpunog duha mi ćemo

moći na ovoj zemlji da koristimo Božji prostor i ništa neće biti nemoguće. Šta više mi ćemo da u budućnosti uživamo večni život i blagoslove u Novom Jerusalimu. Sa druge strane, osoba koja još uvek nije došla u potpuni duh, ona ili on treba da ispuni meru pravde kako bi mogla ili mogao da koristi Božji prostor. Ova knjiga je puna priča koje su raširene širom beskonačnog duhovnog prostora.

Ova knjiga pomaže čitaocima da rade sledeće:

1. Pomaže im da razumeju ljubav Boga koji je podelio prostore, dimenzije i svetlost i tamu u Svom proviđenju ljudske kultivacije kako bi dobio istinsku decu. Kada mi prihvatimo Isusa Hrista i činimo sa verom mi možemo da uživamo u privilegiji da smo deca svetla i možemo da idemo u prelepi prostor svetla.

2. Nebo je u prostoru svetla. Podeljeno je na mnoga mesta boravka od Raja do Novog Jerusalima. Mi ćemo živeti tamo na Nebu u usavršenim nebeskim telima. Uživaćemo na Nebu u večnom životu koji j ispunjen radošću i veseljem i to je Božji dar za nas.

3. Samo Božja moć je ta koja nas može napraviti istinskom Božjom decom koja imaju Božji lik. Kroz Božju moć mi možemo da idemo u divni prostor svetla i takođe na ovoj zemlji doživimo čuda i moćna dela koja su van ljudskih granica.

Sadržaj

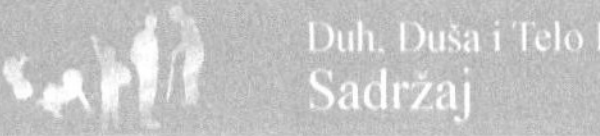

Duh, Duša i Telo I

Sadržaj

1. Deo

Ogromni prostor duhovnog kraljevstva

Šta se desilo na Nebu pre Stvaranja?

Kako su prostor Svetla i prostor Tame formirani?

„I ovo je obećanje koje čusmo od Njega i javljamo vama,
da je Bog Svetlo, i tame u Njemu nema nikakve."
- 1. Jovanova Poslanica 1:5

„Koji sedi na nebesima nebesa iskonskih.
Evo grmi glasom jakim."
- Psalmi 68:33

Poglavlje 1

Tama i svetlost

Svetlo i tama ne postoje samo na ovom vidljivom svetu nego takođe i u duhovnom svetu postoje svetlo i tama.
Koji je razlog zbog koga je Bog dozvolio da postoji prostor tame i ko je vladar nad tamom?

Dok ste bili dete da li ste se ikada uspavali brojeći zvezde na nebu? Verujem da mnogi od vas imaju to u sećanju. Postoje mnogo zvezda koje mogu biti viđene našim očima ali takođe postoji nebrojeno mnogo zvezda koje se ne vide. Koliko je velik univerzum?

Čak i sa razvojem nauke ljudi nisu sposobni da izračunaju veličinu univerzuma. To je zbog toga što to ogroman prostor bez kraja. Planete poput Zemlje se grupišu da bi formirale sunčev sistem a mnogo sunčevih sistema i druga nebeska tela se grupišu da bi formirali galaksiju. Zatim veliki broj galaksija formiraju grupu galaksija a grupe galaksija formiraju mikrokosmos i zatim mikrokosmosi formiraju veliki univerzum.

Veličina našeg sunčevog sistema u našoj galaksiji vidi se kao majušna tačka. Ova galaksija je takođe kao malena tačkica kada se uporedi sa veličinom celog univerzuma. Ovaj fizički univerzum sam ne može biti izmeren ni sa najsloženijom naučnom opremom. Ali u upoređenju sa duhovnim prostorom on je takođe samo veoma mali delić.

Pored ovog fizičkog univerzuma koji mi vidimo postoji duhovni prostor koji se beskonačno rasprostire u drugoj dimenziji. Biblija pominje mnogobrojna „Nebesa."

U Ponovljenom Zakonu 10:14 čitamo: „*Gle, Gospoda je Boga tvog nebo, i nebo nad nebesima, zemlja, i sve što je na njoj,*" a u Nehemiji 9:6 čitamo: „*Ti si sam GOSPOD. Ti si stvorio nebo, nebesa nad nebesima i svu vojsku njihovu, zemlju i sve što je na njoj, mora i sve što je u njima. Ti daješ život svemu tome, i vojska nebeska Tebi se klanja.*"

Koliko neba postoje i šta se desilo u ovim nebesima pre stvaranja ovog sveta? Hajde da se vratimo u vreme pre stvaranja ovog sveta. To je bilo pre nego što su postojali univerzum i galaksije onakve kakve ih mi znamo. Tadašnji univerzum nije bio isti univerzum kao naš univerzum sada. To je bio jedan ogromni prostor u kome nije bilo razlike između duhovnog i fizičkog prostora.

Ogromni duhovni prostor i iskonski Bog

Ogromni duhovni prostor je bio nepodeljen u orginalnom univerzumu. U ovom prostoru je iskonski Bog obitavao pre vekova. Ovde izraz „iskonski Bog" se odnosi na Boga koji je postojao kao svetlo i glas pre kreacije. Originalni univerzum se odnosi na univerzum gde je iskonski Bog obitavao sam.

Kakav je bio izgled iskonskog Boga? Zamislite predivna svetla koja ispunjavaju ogromni univerzum a ta svetla se uvijaju i ljuljaju kao talasi. Kao što 1. Jakovljeva Poslanica kaže: „*Bog je*

Svetlost," Bog se pružao kroz celi originalni univerzum u obliku tih predivnih i blistavih svetala.

„Aurore" nam pomažu da shvatimo izgled iskonskog Boga. Aurore se vide na nebu u blizini polarnih regiona. One obično imaju divne crvene, plave, žute, svetlo zelene ili ružičaste boje. Kaže se da su svetla aurore toliko lepa da oni koji ih vide nikada ne mogu da ih zaborave.

Poslanica Rimljanima 1:20 kaže: *„Jer šta se na Njemu ne može videti, od postanja sveta moglo se poznati i videti na stvorenjima, i Njegova večna sila i božanstvo, da nemaju izgovora."* Bog je stvorio svetla kao što su aurore da bi mi mogli da razumemo prvobitni Božji izgled kada se pitamo o iskonskom Bogu.

Iskonski Bog je imao čist i jasan a ipak veličanstven glas u svetlima koja su se kotrljala kao talasi. Da li ste nekad čuli zvuke koji liče na šapat koji prati nežni lahor? Ako vetar dolazi sa mora vi možete da čujete nežni zvuk talasa. Slično zvuku koji je nošen sa vetrovima glas je melodično odzvanjao iz samog orginalnog svetla. Kao što je vetar prenosio zvuk tako su se i originalni glas u zagrljaju sa orginalnim svetlima prostirali po celom univerzumu.

Kako bilo, ako čak i samo jednom čujete Božji glas vi nikada nećete biti u stanju da zaboravite taj glas. Ja sam ga čuo nekoliko puta i bio je tako veličanstven, čist i jasan. To znači da je tako velik i čist. Božji glas je u stvari veoma čist i jasan, blag a ipak tako veličanstven da je bio u stanju da zvoni kroz ceo univerzum.

Jevanđelje po Jovanu 1:1 kaže: *„U početku beše Reč, i Reč beše u Boga, i Reč beše Bog."* Reč koja je bila na početku je originalni glas koji je melodično odzvanjao iz orginalnog svetla. Gornji stih izražava Boga kao „Reč“ što je srž, radije nego formu Boga koji je svetlost. „Reč“ je sadržaj a „Bog“ je ime dato tom sadržaju. Tako srž Boga je „Reč“ a Njegovo postojanje je u obliku svetla i glasa koji su ispunjavali celi univerzum.

Bog je planirao ljudsku kultivaciju

U određenom momentu u beskonačnoj liniji vremena Bog koji je postojao sam isplanirao je „ljudsku kultivaciju“:

> *„Šta kad bi postojalo biće koje bi moglo da zna o ovom ogromnom univerzumu i Mom srcu i delilo ljubav sa Mnom? Šta ako bi ono razumelo i primilo Moje srce i osećanja koja delim sa njim i kada bi mi zauzvrat dao svoje srce? Kako bi srećna i radosna stvar to bila?“*

Bog je želeo drugo biće s kojim bi komunicirao i delio sve u univerzumu. Naročito je Bog hteo biće sa kojim bi podelio Svoju ljubav. Bog je napravio plan o „ljudskoj kultivaciji“ sa željom da otpočne novi posao kako bi dobio Svoju istinsku decu.

Šta mislite šta je Bog prvo učinio u planu za ljudsku kultivaciju? Bog je nekada postojao kao svetlo koje se prostiralo preko celi univerzum, ali se On sjedinjavao na vrhu duhovnog kraljevstva i počeo da dobija formu svetla. Kako se On sjedinjavao kao jedno svetlo, različite dimenzije „nebesa" su stvorene. Ovde je „nebo" sinonim za prostor u univerzumu. Na početku je postojao samo jedan originalni univerzum ali kako se Bog sjedinjavao i srastao kao jedno svetlo, različiti prostori u univerzumu su stvarani. To je zbog toga što kako se svetlo sjedinjavalo i koncentrisalo u jedno na vrhu duhovnog kraljevstva različiti prostori su pravljeni u skladu sa osvetljenošću.

U prošlosti, osvetljenost je bila ista svuda u orginalnom univerzumu ali sada, vrh duhovnog kraljevstva je postao najblistaviji. Na primer, ako jednako rasporedite10 000 sijalica po sali, osvetljenost će biti ista svuda po sali. Ali šta će se desiti ako u centru te hale stavite jednu sijalicu čija je jačina ista kao i svih ovih 10 000 zajedno? Bliže centralnom delu osvetljenost će biti veća i obratno kako se povećava udaljenost. Slično tome kada je originalna svetlost postala jedno sažeto svetlo, različiti prostori su stvoreni u skladu sa osvetljenošću u određenom prostoru.

Originalno svetlo je duhovno svetlo i kako se menjala jačina svetla tako se menjala i gustina duhovne prirode. Kada se originalno svetlo sjedinilo u jedno koncentrisano svetlo, jačina svetla i gustina duha postali su ređi kako se udaljenost od izvora povećavala. Tako, originalni univerzum koji je postojao kao jedan prostor je podeljen na četiri različita univerzuma u skladu sa jačinom svetla i gustinom duha. Bog ih je nazvao prvim, drugim, trećim i četvrtim nebom.

Mesto gde se Bog prvobitno sjedinio kao jedno svetlo je veoma posebno mesto koje pripada četvrtom nebu. Zbog toga svetlo je najsjajnije na četvrtom nebu i takođe i gustina duha.

Treće nebo ima manji sjaj svetla ređi duh nego četvrto nebo i to je isto i sa drugim nebom. Duhovno kraljevstvo se nalazi od drugog do četvrtog neba. Prvo nebo je fizički univerzum koji mi vidimo našim očima. Ovo je univerzum gde je priroda duha gotovo kompletno nestala kada se Bog sjedinio u jedno svetlo i zato je on ispunjen sa prirodom mesa umesto duha.

U fizičkom prostoru ako određeni prostor isečete na četiri dela svaki prostor je manji nego orginal. Ali to nije slučaj sa duhovnim prostorom. To je zato što u duhovnom prostoru nema granica. Kada se ogromni bezgranični univerzum podeli na četiri, to je ogromni bezgranični univerzum. Zbog toga čak iako je originalni univerzum podeljen na četiri nebesa, ne postoje granice ni za jedno nebo. Ne samo Drugo, Treće i Četvrto nebo nego i Prvo nebo koje je telesni svet takođe nema granice.

Bog je dozvolio razliku od neba do neba u odnosu na njihovo korišćenje. Prvo, Bog je odvojio Prvo nebo kako bi tu napravio platformu za ljudsku kultivaciju. Drugo Nebo je pripremljeno kao prostor za duhove tame koji su neophodni za ljudsku kultivaciju. Ali takođe je i Adam stvoren kao živi duh. Treće nebo je odvojeno kako bi se napravilo nebesko kraljevstvo gde će ući dobra pšenica dobivena tokom ljudske kultivacije. Konačno, Četvrto nebo je prostor za Trojedinog Boga. Ono je na istoj dimenziji kao i univerzum koji je bio originalni prostor.

Kada je originalni univerzum bio razdvojen na četiri neba, ta neba nisu bila ničim ispunjena. Ali to ne znači da su bila potpuno prazna. Nebrojeno mnogo zvezda se nalazilo u orginalnom univerzumu. U Prvom nebu, naša Zemlji, sunčev sistem i naša galaksija još nisu bili stvoreni. U Trećem nebu, kraljevstvo nebesko još uvek nije stvoreno. To je samo bilo podesno mesto za stvaranje nebeskog kraljevstva. Posle ove podele prostora Bog je počeo da ispunjava prostore svojim kreacijama.

Iskonski Bog je postao Trojstvo

Nakon što se sažeo u jedno svetlo Bog je podelio Sebe u tri svetla. Ovde kada kažemo da se „svetlo podelilo u tri svetla," ne misli se na to da se neko celo podelilo na tri dela. Bliže je da se su se dva svetla identična kao i original izašla iz originala. Čak iako se originalno svetlo podelilo na tri, ta tri nisu bila razdvojena ili različita nego su ista kao i original.

Originalno svetlo je postojalo kao jedno a druga dva su bila novo napravljena. Nakon što su postala tri svetla, ona su dobila duhovnu formu koja je kao i ona kod čoveka. Oni su počeli da egzistiraju kao Bog Otac, Bog Sin i Bog Sveti Duh. Nakon što se Iskonski Bog podelio na Trojedinog Boga ili Boga Trojstva, svako Trojstvo je dobilo svoje duhovno telo i postojala je mala razlika između svakog od tih tela. Ali duhovi unutar duhovnih tela su svi došli iz jednog iskonskog Boga tako da možemo reći da su Tri u Jednome svi imali isto srce, misli, moć i mudrost.

Zato se mi obraćamo Bogu Ocu, Bogu Sinu i Bogu Svetom Duhu kao Trojstvu ili Trojedinom Bogu. Trojedini Bog je prvo stvorio stvari koje su neophodne za prostor gde Bog obitava. Kada je Bog egzistirao sam kao svetlo i glas u svetlu i Njemu nije trebalo mesto boravka. Ali pošto je sada imao formu Njemu je trebalo mesto za boravak.

Dok Trojedini Bog boravi u Četvrtom nebu on može i ne mora da „obuče" formu. On na Četvrtom nebu može da promeni svoju formu kad god zaželi i zbog toga što On ponekad nosi svoju formu zato se tamo i nalazi Njegovo mesto boravka. Bog uvek ima formu dok na Trećem nebu na kome je isto kraljevstvo nebesko i zato je i tamo napravio mesto boravka za Sebe. Bog takođe počinje da stvara i duhovna bića koja će Mu služiti.

Bog je stvorio anđele i heruvime

Postoje dve vrste duhovnih bića koja je Bog stvorio; to su „anđeli" i „heruvimi." Anđeo je po svojoj formi skoro isti kao i čovek osim što ima krila (Otkrivenje Jovanovo 14:6). Ljudi su stvoreni po Božjem liku a isto tako i anđeli (Jevanđelje po Marku 16:5). Ali anđeli imaju samo spoljašnji izgled Boga dok ljudi imaju imaju takođe i Božje srce.

A šta o veličini anđela? Postoje anđeli koji su slični ljudima. Ali postoje veoma mali anđeli a takođe i ogromni anđeli. Oni imaju izgled i osobine u skladu sa njihovim ulogama.

Na primer ako imamo anđela koji ima ulogu generala armije, anđeo muškog izgleda bi bio prikladniji. Za pevanje i igranje ženski anđeli bi bili prikladniji. Naravno to ne znači da ne postoje muški anđeli koji igraju. Baš kao što postoje muškarci plesači na ovom svetu i oni igraju svoje uloge takođe postoje i anđeli koji izgledaju kao muškarci. Ali njihovo postojanje kao muški ili ženski anđeli po izgledu i po karakteru ne znači da oni imaju pol. To samo znači da njihov izgled i ponašanje izgledaju kao muški ili ženski.

Anđeli služe Bogu i ispunjavaju svoje dužnosti po Božjoj zapovesti. Postoji mnogo vrsta dužnosti i nebrojeno mnogo anđela.

> *I svi anđeli stajahu oko prestola i starešine i četiri životinje, i padoše na lice pred prestolom, i pokloniše se Bogu* (Otkrivenje Jovanovo 7:11).

> *I videh drugog anđela jakog gde silazi s neba, koji beše obučen u oblak, i duga beše na glavi njegovoj, i lice njegovo beše kao sunce, i noge njegove kao stubovi ognjeni* (Otkrivenje Jovanovo 10:1).

> *Nisu li svi službeni duhovi koji su poslani na službu onima koji će naslediti spasenje?* (Poslanica Jevrejima 1:14).

Među njima, postoje anđeli kojima je data jedinstvena uloga u duhovnom kraljevstvu, postoje drugi anđeli koji služe deci Božjoj na zemlji. Broj anđela koji će biti dodeljen svakoj osobi zavisiće od mere posvećenja osobe da postane čovek od duha ili potpuni duh. Hijejarhija među anđelima je uspostavljena tako da se striktno upravlja prema duhovnoj hijerarhiji njihovih gospodara.

Takođe postoje anđeli koji su dodeljeni svakoj osobi ponaosob bez obzira da li je vernik ili ne. Postoje anđeli koji beleže svaku reč i delo svake osobe koja živi na ovoj zemlji.

Dok anđeli imaju izgled čoveka heruvimi imaju forme različitih životinja. Oni heruvimi koji imaju dužnost da prate Boga imaju izgled raznih životinja kao što je lav, orao i krava ili bik. Psalmi 18:10 pišu: „*On uzjaha heruvima i podiže se, i polete na krilima vatrenim.*"

Zmajevi, za koje su ljudi mislili da su izmišljena bića, ustvari su bili jedni od heruvima. Zmaj koga je Bog prvog stvorio bio je toliko lep i mio i on je bio Bogu kao životinja ljubimac. On je imao meko krzno i ruke i noge a njegove raznobojne lepe šare su bile toliko lepe da se ne mogu opisati. Zmajevi su bili glavni među heruvima i imali su vrlo mnogo moći i autoriteta. Imali su ogroman broj glasnika pod svojom kontrolom.

Među heruvima su „četiri živa stvorenja." Oni izgledaju kao čvrsta masa čelika tamne boje. Četiri živa stvorenja donose katastrofe i kazne po Božjoj komandi. Oni pokazuju dostojanstvo i vlast Božju. Oni imaju jednu glavu ali četiri lica: lice čoveka, lice lava, lice teleta i lice orla. One izgledaju kao da četiri osobe stoje i njihova su leđa okrenuta prema unutra a njihova lica prema spolja. U centru je plamen koji ide gore i dole. Celo njihovo telo je prekriveno očima i oni gledaju sve.

Kada je Bog stvorio heruvime On njima nije dao slobodnu volju kao što je dao čoveku. Oni se samo povinuju Božjim komandama datim u skladu sa njihovom hijerarhijom. Čak i danas Bog vlada čitavim univerzumom kroz ove anđele i heruvime.

Duhovno kraljevstvo je dobro organizovano i sistematizovano.

Biblija takođe govori o nebeskoj vojsci i arhanđelima. Jevanđelje po Luki 2:13 kaže: „*I ujedanput postade s anđelom mnoštvo vojnika nebeskih, koji hvaljahu Boga govoreći.*" Mnoštvo vojnika nebeskih su nebeska armija.

Takođe u 1. Solunjanima Poslanici 4:16 se kaže: „*Jer će sam Gospod sa zapovešću, sa glasom Arhanđelovim, i s trubom Božjom sići s neba; i mrtvi u Hristu vaskrsnuće najpre.*" Činjenica da postoje arhanđeli nam govori da postoji red u svetu anđela.

Arhanđeli istražuju svaku pojavu delujući kao ruke i noge i oči i uši Boga. Oni takođe primaju komande i podnose izveštaje direktno Bogu. Pod ovim arhanđelima koji su kao ministri nalazi se nebrojano mnogo anđela koji im pomažu. Ovi arhanđeli ne komanduju direktno svim anđelima koji su ispod njih; oni imaju druge vodeće anđele koji upravljaju određenom grupom anđela. U ovom sistemu jednom kad je komanda izdata korektno je sprovedena i svi izveštaji su perfektni bez greške. Iako ima mnogo koraka ovaj proces se trenutno sprovodi.

Bog dok je na svom prestolu može da vlada i nadgleda svaku osobu na ovoj zemlji zahvaljujući ulogama anđela. Naravno Bog je svemoguć i On može sve Sam da istražuje. Ipak anđeli raportiraju Bogu ono što su oni direktno videli i proverili. Na ovaj način anđeli ne samo da su izvestioci nego su i svedoci izveštaja. Ovo daje još svetla na pravednost Božjeg suda kada sudi o nečemu.

Na primer, mi možemo da govorimo o kazni koja je sprovedena nad gradovima Sodoma i Gomora. Postanak 19:1 kaže: „*A uveče dođoše dva anđela u Sodom.*" Bog je poslao Svoje anđele da još jednom sve preispitaju pre nego što jo kaznio Sodomu i Gomoru. A tamošnji ljudi su pokazali svoja bogohulna dela. To jest, oni su pokušali čak i te anđele da povrede. Na kraju, Bog je vatrom kaznio Sodomu i Gomoru.

Jedni od najpoznatijih arhanđela su Gavrilo i Mihajlo. Gavrilo je glasnik koji se pojavljuje da bi rekao specijalno otkrivenje ili reči Božje. On je velik i dostojanstven i nosi odoru sa širokim rukavima u kojima može da stane Božje otkrivenje. Baš kao što i ministar koji donosi kraljeve naredbe ima simbol, Gavrilo takođe nosi odoru koja ima znak koji je kao kraljevski žig.

Arhanđel Mihajlo je kao načelnik vojske i on ima dostojanstvenost u očima.. On nosi blindiranu odeću a unutar opasača oko njegovog struka može stati mnoštvo raznog oružja. Imati oružje u duhovnom kraljevstvu znači da ga je Bog ovlastio da vodi duhovne bitke. Različite vrste simbolskog oružja može biti upotrebljeno u zavisnosti koliko je bitka žestoka.

Tu su takođe i dva ogromna arhanđela. Oni imaju ženske izglede i veliku moć i vlast. Oni se obično ne smeše. Ako se oni pojave prate ih ogromna Božja dela. Oni su toliko veliki da čak iako stoje u zgradi sa visokim plafonom vi samo možete da vidite rubove njihovih odora. Mi ne možemo da izmerimo koliko oni mogu biti visoki zato što duhovno kraljevstvo ima totalno drukčiji koncept merenja nego fizički svet.

Tri arhanđela koji direktno pripadaju Bogu

Uz toliko mnogo anđela Bog je stvorio neke anđele koji su pod Njegovom direktnom kontrolom i koji će lično Njemu služiti. To su bila tri arhanđela uključujući Lucifera. Oni su imali poziciju i visoki čin kao i ostali arhanđeli ali su oni imali veoma specifična ovlašćenja.

Generalno govoreći duhovnim bićima nije data slobodna volja. Oni su samo mogli da bezuslovno udovoljavaju Bogu. Ali za ova tri arhanđela koji su pripadali direktno Bogu sa izuzetkom od drugih Bog im je dao čovečnost i slobodnu volju, osobine koje imaju samo ljudska bića. Bog ih je stvorio da imaju čovečnost i da dele s Njim ljubav iako oni ne mogu biti isti kao Božja deca koja su dobivena kroz ljudsku kultivaciju. Bog im je dozvolio da ga služe sa svojim srcima i dele s Njim osećanja sreće i radosti sa svojom slobodnom voljom.

Ova tri arhanđela imala su ženski izgled i imali su nežno, blago i dobro srce. Reči koje su izlazile iz njihovih usta bile su ispunjene dobrom aromom a njihovo ponašanje je bilo elegantno. Ali svaka od njih je imala male razlike u svom karakteru. Lucifer je imala najjači karakter nego druge dve. Lucifer je bila zadužena za muziku i ona je udovoljavala Bogu sa divnim glasom i muzičkim instrumentima. Bog je bio veoma zadovoljan s njenim hvalospevima i On je nju mnogo voleo.

Jednom mi je Bog pokazao Lucifera. Ona je nosila veliku i blistavu haljinu koja je bila ukrašena dragim kamenjem. Njena kosa je bila ukrašena draguljima koji su bili u perfektnoj harmoniji sa njenom plavom kosom. Ona je svirala divan muzički instrument. Zvonki zvuk dragog kamenja i zvuk hvalospeva bi se stopili zajedno i raširili dalje kao što bi vetar hukao. Zvuk bi dolazio do Boga i bio je divan.

Ali kako je ona više bila voljena od Boga i dugo uživala u velikoj moći, arogancija je počela da raste u njenim mislima. Dok je gledala sve stvari koje je Bog činio i Njegov ogromni autoritet u vladanju nad celim duhovnim carstvom, ona je zavidela. Gordost je rasla u njenim mislima tako da je ona mislila da može da bude bolja nego Bog. Konačno, ona je napravila plan da se uzdigne više nego Bog i počela je da okuplja snage.

Lucifer je imala toliku veliku moć da je u početku počela da pod svojom vlašću okuplja anđele oko sebe. Zajedno sa anđelima ona je takođe namamila zmajeve i heruvime koje su oni kontrolisali. Ona ih je zavela tako što se pretvarala da obavlja tajni zadatak za Boga.

Propala pobuna Lucifera

Bog je znao za nameru Lucifera i On joj je dao šansu da se vrati na pravi put. On joj je rekao za posledice pobune i pokušao da je ubedi da sagleda realnost situacije. Ali gordost se već odomaćila u Luciferovoj glavi i ona se nije okrenula. Ona se pobunila protiv Boga i bila je poražena. Zajedno sa duhovnim bićima koja su je sledila ona je saterana u Ambis ili drugačije poznata kao „rupa bez dna."

Isaija 14:12-15 objašnjava o pobuni i porazu Lucifera i o konačnom ishodu:

> *Kako pade s neba, zvezdo danice, kćeri zorina? Kako se obori na zemlju koja si gazio narode! A govorio si u srcu svom: „Izaći ću na nebo, više zvezda Božjih podignuću presto svoj, i sešću na gori zbornoj na strani severnoj. Izaći ću u visine nad oblake, izjednačiću se s Višnjim." A ti se u Šeol svrže, u dubinu grobnu.*

Biblija takođe piše o anđelima koji su pratili Lucifera. 2. Petrova Poslanica 2:4 kaže: „*Jer kad Bog ne poštede anđela koji sagrešiše, nego ih metnu u okove mraka paklenog, i predade da se čuvaju za sud....*" Judina Poslanica 1:6 takođe kaže: „*I anđele koji ne držaše svoje starešinstvo nego ostaviše svoj stan čuva u večnim okovima pod mrakom za sud velikog dana...*"

Postanak 1:2 takođe govori o tome šta se dešavalo u duhovnom kraljevstvu pre stvaranja sveta. Tamo se kaže: „*Zemlja beše bez obličja i pusta, i beše tama nad bezdanom; i Duh Božji se kretao nad vodenim površinama.*"

Ovaj stih ima oba i duhovno i fizičko značenje. On govori šta se desilo u duhovnom kraljevstvu a isto tako i o stvarima koje se dešavaju u fizičkom kraljevstvu.

Duhovno „zemlja beše bez obličja" znači da je duhovni red narušen zbog pobune Lucifera. „Zemlja" simbolizuje „svet tame kontrolisan od strane Lucifera." Zbog toga što su Lucifer i bića koja su je pratila porušila red koji je Bog uspostavio, rečeno je da je zemlja bila bez obličja. Sledeće se kaže da je zemlja bila „pusta." Ovo objašnjava stanje Božjeg srca nakon što je bio izdan od strane Lucifera koju je On toliko voleo.

Ali pobuna je ubrzo bila ugušena i zli duhovi su bili saterani u najdublji deo Pakla, Ambis. Ovo objašnjava izraz: „i beše tama nad bezdanom." Bog je napravio red i mir taka što je sile zla poslao u tamu Ambisa i to je objašnjeno u frazi „i Duh Božji se kretao nad vodenim površinama."

Bog je stvorio zemlju na Prvom nebu

Kad je u početku Zemlja stvorena uslovi na njoj nisu bili kao danas. Dešavale su se seizmičke aktivnosti, vulkanske erupcije i pomeranje Zemljinih tektonskih ploča i kore. Takođe se mnogo aktivnosti dešavalo u atmosferi.

Tako ovo nestabilno stanje na Zemlji je objašnjeno u frazi: „...Zemlja beše bez obličja i pusta." Sledeći stih kaže: „... i beše tama nad bezdanom." To znači da kada je Zemlja u početku stvorena, nije bilo sunca, meseca ili bilo koje druge zvezde u galaksiji i zato je Zemlja bila prekrivena tamom. Kada je Bog ispunjavao Zemlju svim neophodnim stvarima On je ulagao

Svoj najveći trud. Baš kao što otac koji uz svu svoju pažnju gradi i stvarima puni kuću za svoju porodicu, On je celu Zemlju uzeo u zaštitu i završio Svoj proces stvaranja.

Ovaj proces je objašnjen u izrazu: „i Duh Božji se kretao nad vodenim površinama." U ovom momentu Bog Lično je sišao dole na Zemlju. On je istraživao šta bi sve bilo potrebno Zemlji i On bi stvarao sve te stvari svuda po Zemlji. Biblija kaže da se Božji Duh kretao nad „vodenim površinama." To nam govori da je Zemlja u to vreme bila kompletno prekrivena vodom. Baš kao što fetus raste u plodovoj vodi u materici, Zemlja je bila prekrivena vodom dugi vremenski period pre nego što je počelo šestodnevno stvaranje na Zemlji.

Onda, odakle je sva ova voda, koja je prekrila celu Zemlju, došla? Ova voda je voda života koja ističe ispod Božjeg prestola. Bog je napravio vodu života kada je stvorio ogromno duhovno carstvo i On je doneo tu vodu na Zemlju. Razlog iz koga je On prekrio Zemlju vodom života je da napravi dobro okruženje za sva živa bića uključujući ljudska bića kako bi oni živeli na ovoj Zemlji u budućnosti.

Mi ne možemo naći ni jednu drugu planetu u kojoj ima toliko mnogo vode u sunčevom sistemu. U stvari mi ne nismo pronašli ni jednu planetu koja na celoj svojoj površini može da podrži život. To je zbog toga što je Bog doneo vodu života samo na zemlju i napravio osnovne uslove gde bi živa bića mogla da nastave sa svojim životima.

Kada je Bog vodom života prekrio Zemlju On je hteo da svi

ljudi dobiju večni život u Bogu. On je hteo da sva živa bića koja žive na Zemlji postanu istinska deca koja imaju srca čedna i čista kao i voda života.

Božje proviđenje u odvajanju Svetla i Tame

Konačno Bog je započeo prvi dan stvaranja. Postanak 1:3-4 kaže: *„I Bog reče: Neka bude svetlost. I bi svetlost. I vide Bog svetlost da je dobra; i rastavi Bog svetlost od tame.* " Bog reče: „Neka bude svetlost." Svetlo ovde je duhovno svetlo koje izvire iz Božjeg prestola. Ono ima moć i božanstvo Božje. Bog je prekrio Zemlju ovim svetlom i uspostavio osnove Zemlje tako da da ona ne bude bez oblika i pusta nego da funkcioniše na miran i sistematski način.

Zatim Postanak 1:4-5 kaže: *„I vide Bog svetlost da je dobra; i rastavi Bog svetlost od tame. I svetlost nazva Bog dan, a tamu nazva noć. I bi veče i bi jutro, dan prvi.* " Time što je naredio svetlu da postoji, osnovni red je bio uspostavljen na Zemlji i zato čak iako nije bilo sunca ni meseca Zemlja je počela da funkcioniše kao da su postojali sunce i mesec. Drugim rečima, dan i noć na Zemlji nisu nastajali od sunca i meseca. Što se tiče dana i noći red i zakon su već bili uspostavljeni od strane Boga a kasnije su stvoreni sunce i mesec kako bi bili upravnici za dan i noć.

Ali razdvajanje dana od noći ima još veće duhovno značenje od samog fizičkog razdvajanja. To znači da je prvog dana stvaranja Bog oslobodio Lucifera i neke od palih anđela iz

Ambisa i kraljevstvo zlih duhova je bilo stvoreno. Bog je znao da treba da postoji duhovno svetlo i tama za ljudsku kultivaciju baš kao što sve na ovoj Zemlji funkcioniše u po ciklusu dana i noći. On je sve isplanirao pre vekova i kada je došlo vreme On je Luciferu, koja je izdala Boga, dao vlast i učinio je gospodaricom tame.

Ali to ne znači da joj je On dao autoritet isti kao što je autoritet Boga koji je Gospodar i Vlasnik ogromnog univerzuma. On je dozvolio da funkcionišu red i zakon njenih zlih duhova samo u svrhu ljudske kultivacije tj. da bi ljudska kultivacije mogla da bude izvedena fer i pravedno. U stvari Lucifer gospodarica tame nekada je pripadala svetlosti ali je ona izašla iz svetlosti i postala iskvarena. Ona i dalje podpada pod ultimativnu vlast i autoritet Boga.

Bog je na Drugom nebu stvorio prostor za tamu

Postanak 1:6-8 kaže: „*Potom reče Bog: Neka bude svod posred vode, da rastavlja vodu od vode. I stvori Bog svod, i rastavi vodu pod svodom od vode nad svodom; i bi tako. A svod nazva Bog nebo. I bi veče i bi jutro, dan drugi.*"

Sa vodom života koja je izvirala ispod Božjeg prestola, Bog je učvrstio Zemlju koja treba da postane platforma za ljudsku kultivaciju. Onda je On stvorio svod. Svod koji je na Zemlji odnosi se na atmosferu koja je stvorena. Bog je onda razdvojio vodu koja je pokrivala Zemlju na vodu koja je ispod svoda i vodu koja je iznad svoda.

Voda ispod svoda je voda koja je ostala na Zemlji. Trećeg dana stvaranja vode su skupljene na jedno mesto da bi stvorile okean i on je postao izvor za formiranje drugih vodenih površina na Zemlji kao što su reke i jezera. Voda iznad svoda je upotrebljena za meteorološke pojave kao što su formacije oblaka i prirodne padavine ali glavna upotreba ove vode je za Edenski vrt.

Kada Biblija kaže „svod" to se ne odnosi na samo na fizičko nebo koje mi vidimo. U Postanku 1 se kaže da je sve što je Bog napravio tokom šest dana stvaranja bilo „dobro" sa izuzetkom za drugi dan. Na drugi dan Bog nije rekao da je bilo „dobro." Razlog zbog koga je na drugi dan Bog dozvolio formiranje prostora tame za zle duhove na Drugom nebu je taj jer je njima data „moć vazduha" i kasnije upotrebljena kao instrument u procesu ljudske kultivacije.

Poslanica Efežanima 2:2 kaže: „*...u kojima nekad hodiste po veku ovog sveta, po knezu koji vlada u vetru, po duhu koji sad radi u sinovima protivljenja.*" Ovo nam govori da je prostor u kome borave zli duhovi „vazduh." To je mesto koje je na granici sa i istočno od Edenskog vrta. Ovde će zli duhovi boraviti dok se ljudska kultivacija ne okonča.

Naravno, Edenski vrt je takođe na Drugom nebu isto kao i prostor na kome će se održati Sedmogodišnji svadbeni banket nakon što se završi ljudska kultivacija. Ali zato što je stvoren prostor tame gde će boraviti zli duhovi Bog nije rekao da je bilo „dobro" na drugi dan stvaranja.

Svet zlih duhova

Pre nego što je postala gospodarica tame Lucifer je videla i naučila mnoge stvari jer je bila blizu Boga Oca. Ona je videla kako je Bog vladao nad ogromnim duhovnim prostorom kroz anđele i heruvime i kada je ona formirala svet zlih duhova ona je imitirala Božje načine. Ona je uspostavila dva lanca komande kako bi prenela naredbe i upravljala svetom tame. Jedan je komandni lanac zmajeva i njihovih anđela a drugi je lanac Sotone i đavola.

Prvo Lucifer je dala zmajevima praktični autoritet sličan onome koji imaju generali armija i organizovala anđele koji su pod njihovom komandom da ih slušaju. Četiri zmaja koji imaju „moć vazduha“ kontrolišu ljude koji hodaju u tami kako bi ih oni obožavali. Zmajevi prodiru do mesta za idolopoklonstvo u ljudima što onda rezultira da ih oni obožavaju.

Lucifer kontroliše sve „iza scene“ dok deluje kroz Sotonu. Sotona kontroliše ljudske misli neistine imajući potpuno isto srce i misli kao Lucifer. Sotona nema čvrst oblik i on se pojavljuje kao tamni dim. Iz ovog razloga oni koji prime delovanja Sotone imaju nešto kao tamni oblak oko njihovih lica. Za neke ljude tamni oblak prekriva celo njihovo telo od glave do pete.

I delo je đavola koji huška ljude da svoje misli neistine sprovode u delo. Neki od palih anđela su bili oslobođeni (iz Ambisa) i delovali su kao đavoli. Đavo čini suprotna dela od anđela noseći potpuno crnu odoru.

Kada osoba čini zle stvari na koje ga đavo huška, čak do te granice da on daje i svoje srce, tada, na kraju, ga demon potčinjuje. Demoni su zli duhovi ali oni nisu duhovna bića koja je Bog stvorio kao anđeli. Oni su nekad bili ljudska bića koja su živela na ovoj Zemlji. Neki od ljudi koji su umrli bez spasenja vratili su se na ovaj svet u specijalnim slučajevima kako bi delovali kao oruđe zlih duhova.

Svet zlih duhova je bio formiran sa Luciferom na čelu i oni ometaju Božje delovanje. Njihovi napori su usmereni da povedu što više duša na putu ka Paklu. Razlog zbog koga je Bog dao Luciferu i zlim duhovima moć tame je taj da bi dobio istinsku decu kroz ljudsku kultivaciju. Istinska deca su ona koja žive u Svetlu i istinski liče na Boga. Oni veruju u Boga, Spasitelja Isusa Hrista i vole i povinuju se Bogu zato što tako žele.

Svet zlih duhova može biti upoređen sa đubretom koje seljak stavlja po polju. Hemijska đubriva su agensi koji imaju malo otrova i štetni su za ljude ako ih progutaju. Ali ako se stave na useve oni pomažu usevima da izrode dobru letinu. Slično tome kroz delovanje Lucifera i zlih duhova koji su ustali protiv Boga i vode Božju decu da čine grehove mi možemo da shvatimo baš koliko je prljava tama i koliko je dragocena Svetlost. Onda mi sve više težimo ka Svetlu i želimo da postanemo deca Svetla. Prema tome, Lucifer i zli duhovi pomažu u ljudskoj kultivaciji koju sprovodi Bog.

Bog je kroz slobodnu volju dao ljudima izbor tako da oni mogu da biraju između svetla i tame po svojoj sopstvenoj volji. Bog obitava u svetlu i prirodno je za one koji vole Boga da žele da budu u svetlu i bliže Bogu. Kroz ovaj proces Bog dobija svoju istinsku decu. Ovaj proces je ljudska kultivacija. Bog je istinsko Svetlo i oni koji se okrenu od tame i uđu u Svetlo počinju da liče na Boga. Ovo su ljudi za koje se može reći da su istinska Božja deca. Oni će živeti večno sa Bogom u prostoru svetla. Oni će zauvek uživati u sreći i slavi datim od Boga.

Oblasti svetla i tame koegzistiraju na Drugom nebu

Prostorom svetla upravlja Bog. Prostor svetla uključuje Edenski vrt na Drugom nebu, Treće nebo koje udomljuje kraljevstvo nebesko i Četvrto nebo koje je originalno Božje područje.

Na Drugom nebu oblast svetla i oblast tame koegzistiraju. Kao što sam gore objasnio Bog je razdvojio svetlo i tamu prvog dana stvaranja. Lucifer i zli duhovi u bili raspušteni prvog dana i oni su počeli da obitavaju u oblast tame na Drugom nebu od drugog dana stvaranja. Bog je njima dozvolio da ostanu u oblast tame na Drugom nebu tokom procesa ljudske kultivacije.

Sada, kakvi prostori postoje u oblastima svetla na Drugom nebu?

Jedno od njih je prostor za Sedmogodišnji svadbeni banket koji je Gospod pripremio. Spašene duše koje su plodovi ljudske kultivacije će prisustvovati ovom banketu u budućnosti. 1. Solunjanima Poslanica 4:17 kaže: „*A potom mi živi koji smo ostali, zajedno s njima bićemo uzeti u oblake na susret*

Gospodu u vazduhu, i tako ćemo svagda s Gospodom biti." „Vazduh" u ovom stihu je ovaj prostor u oblasti svetla na Drugom nebu.

Drugo područje u oblasti svetla je Edenski vrt. Mnogi ljudi misle da je ovaj vrt bio na Zemlji. Tako mnogi od njih su tragali po Izraelu i drugim delovima Srednjeg istoka. Ali niko nije našao ni jedan trag o Edenskom vrtu do sada. To je zbog toga što Edenski vrt nije stvoren na zemlji nego na Drugom nebu koje je duhovno kraljevstvo.

Bog je prvog čoveka Adama stvorio na Zemlji i kasnije ga odveo u Edenski vrt. Ovo je zbog toga što je Adam napravljen od prašine sa zemlje ali on nije bio fizičko biće. Postanak 2:7 govori: „*Onda GOSPOD Bog stvori čoveka od praha zemaljskog, i dunu mu u nos duh životni; i posta čovek živo biće.*" Adam je postao živo biće, živi duh zbog daha života od Boga. Fizički prostor nije bio prikladan za Adama koji je bio duhovno biće ali je zato bio Edenski vrt koji je bio duhovni prostor smešten na Drugom nebu.

Edenski vrt je duhovni svet ali je drukčiji od kraljevstva nebeskog na Trećem nebu. To je duhovni svet ali ako ljudi odatle dođu dole na ovu zemlju mi možemo da ih vidimo i dodirnemo. Okoliš u Edenskom vrtu je sličan onome na Zemlji ali biljke i životinje nikad ne umiru niti nestaju jer je to duhovno područje. Potpuno je harmonično i čisto i prirodna sredina je sačuvana onakva kakva je. Ogromnost ove oblasti je van naše zamisli. Pošto je Adam bio duhovno biće kao dodatak za Zemlju Bog je stvorio ovaj Edenski vrt na Drugom nebu.

Treće nebo i Četvrto nebo

Treće nebo je mesto gde je smešteno nebesko kraljevstvo. Ono udomljuje Božji presto i to je mesto gde će Božja deca, koja su spašena kroz Isusa Hrista, živeti večno. Apostol Pavle je odveden na Treće nebo i video je Raj. Pored toga u Otkrivenju Jovanovom 21 apostol Jovan je do detalja objasnio o gradu Novom Jerusalimu. Mi možemo da vidimo da kraljevstvo nebesko nije kao neki ogromni prostor nego sadrži mnogo različitih mesta.

Prvo, Raj koji je apostol Pavle video je mesto boravka za one vernike koji imaju veru da jedva dobiju spasenje (Jevanđelje po Luki 23:42-43). Oni koji su imali veću veru nego ljudi koji će otići u Prvo kraljevstvo nebesko i oni koji imaju čak i još veću veru će otići u Drugo kraljevstvo nebesko.

Oni koji su odagnali sve vrste zla i postali sveti će otići u Treće kraljevstvo nebesko. Oni koji ne samo da su odagnali svo zlo nego su takođe i dostigli veru ugodnu Bogu tj. oni koji su dostigli potpuni duh će otići u grad Novi Jerusalim gde je smešten Božji presto. Pored različitih mesta Trećeg neba, Novi Jerusalim sija najsjajnije. Sjaj se umanjuje kako se vi udaljavate od Novog Jerusalima. Raj najmanje sjaji. Ali ipak, Prvo nebo u kome živimo ne može da se poredi sa njim. Ono je ipak više sjajnije i mnogo lepše čak i od Edenskog vrta na Drugom nebu.

Četvrto nebo je mesto gde je Bog egzistirao sam na početku. To je mesto isključivo za Trojedinog Boga. Mesto gde se iskonski Bog sjedinio kao jedno svetlo je na Četvrtom nebu. To je u istoj dimenziji kao i u prvobitnom univerzumu. U Prvom, Drugom i Trećem nebu postoje različiti tokovi vremena u svakom posebno. Ali na Četvrtom nebu tok vremena jedva da postoji i tamo nema ograničenja uslovljena vremenom. Takođe, Bog može da uradi tako sve što On poželi a to znači da tamo ne postoji ograničenje prostora.

Niko ne može sopstvenim nahođenjem da uđe u ovaj prostor osim Trojedinog Boga. Samo nekoliko arhanđela i veoma posebnih osoba pored onih koji su u Novom Jerusalimu mogu da uđu na ovo mesto sa dozvolom Boga. Niko ne može čak ni da se približi ovom mestu bez dozvole Boga. Ako neku uđe bez dozvole Boga na ovo mesto, njegov duh će se rasuti i rasprštati kao dim.

Do sada mi smo pogledali u prostranstvo duhovnog prostora. Bog je razdvojio prvobitni jedan prostor na Prvo, Drugo Treće i Četvrto nebo kao deo Njegovog plana da dobije istinsku decu. Baš kao što postoje prostori koji su kao spratovi i pripadaju „nebu“ tako postoje i spratovi prostora koji pripadaju prostoru „zemlja.“ Oni su Viši grob, Niži grob, Pakao i Ambis.

Viši grob i Niži grob

Bog se odnosi na mesta koja pripadaju Bogu kao „nebo,“ i na mesto koje pripada neprijatelju đavolu i Sotoni kao „zemlja.“ Ali tamo postoji izuzetak i to je Viši grob.

Oni koji su spašeni ostaće u Višem grobu tri dana pre nego što odu u čekaonicu u Raju. Viši grob pripada „zemlji" pre nego „nebu" u duhovnom kraljevstvu. Ali to ne znači da to pripada tami. Viši grob je takođe oblast svetlosti koja pripada Bogu, i neprijatelj đavo i Sotona ne mogu da uđu u njega. On se jasno razlikuje od Nižeg groba koje je pod kontrolom snaga tame. Viši grob je u oblasti istine i svetlosti.

Ali razlog zbog kojeg se i dalje govori da on pripada „zemlji" je taj zato što on nije bolji od Edenskog vrta koje je na Drugom nebu. Iz ovog razloga kada Biblija spominje da oni koji su spašeni idu u Viši grob, ona kaže da oni idu „dole," a ne „gore."

U Postanku 37:35 čitamo: „*I svi sinovi njegovi i sve kćeri njegove ustadoše oko njega tešeći ga, ali se on ne dade utešiti. Nego govoraše: S tugom ću u grob leći za sinom svojim. Pa i njegov otac plakaše za njim.*" „Grob" se ovde ne odnosi na Niži grob za one koji nisu spašeni već na Viši grob za one koji su spašeni.

Takođe 1. Samuelova 28:12-13 govori: „*A kad žena vide Samuila, povika glasno, i reče žena Saulu govoreći: Zašto si me prevario? Ta ti si Saul. A car joj reče: Ne boj se; nego šta si videla? A žena reče Saulu: Bogove sam videla gde izlaze iz zemlje.*" Ovo je scena gde je žena koja je medijum (posrednik između ovog i onog sveta) bila iznenađena kada je videla mrtvog Samuela. Samuel je bio u Višem grobu, i zbog toga se kaže da se on uzdigao sa zemlje.

Naravno, to nije u stvari da je ova medijum žena pozvala Samuelov duh. Vračari ili medijumi nemaju moć da komuniciraju sa Bogom ili da pozovu mrtvi duh. Oni mogu samo da kontaktiraju oblast tame i da prizovu demone.

Ovo, međutim, je bila posebna prilika. Bog je naročito izveo Samuela koji je bio u Višem grobu da bi im pokazao volju Božju. Saul je svakako bio napušten od Boga kroz svoju neposlušnost, ali Bog mu je dao posebnu milost zato što je on ipak bio kralj Izraela, i Bog se prisetio da se Samuel molio u tuzi i suzama da se Saul odvrati od svojih grešnih puteva i neposlušnosti dok je bio živ.

Razlog zbog koga je Samuel bio u Višem grobu je zato što je to bilo pre nego što je Isus uzeo krst. Samo nakon što je Isus umro na krstu i vaskrsao On je učinio da odvede duše u Viši grob u čekaonicu u Raju. Pre vaskrsenja Isusovog, spašene duše su bivale u Višem grobu sa Avramom, ocem vere, koji je bio zadužen za to mesto. Zbog toga Biblija govori da spašene duše idu u „Avramovo naručje." Jevanđelje po Luki 16:22 kaže: *„A kad umre siromah, odnesoše ga anđeli u naručje Avramovo; a umre i bogati, i zakopaše ga."*

Biblija ne pravi jasnu razliku između Višeg groba i Nižeg groba, i ono jednostavno kaže da ljudi idu dole u Šeol ili drukčije znan kao Had. Ali u alegoriji o bogatom čoveku i siromašnom Lazaru, Isus je govorio o različitim mestima za one koji su spašeni i za one koji nisu. Lazar je bio spašen i otišao je u Avramovo naručje, naime Viši grob, i ovo mesto je drugačije od Nižeg groba gde je bogati čovek otišao. Postoji veliki ponor između oba mesta i oni ne mogu da pređu da bi posetili jedni druge. Kada mi objašnjavamo duhovno kraljevstvo u odnosu na nebo i zemlju, mi kažemo da Viši grob pripada zemlji, ali to je svakako u oblasti svetlosti koja pripada Bogu.

Pakao sadrži jezero vatre i jezero gorućeg sumpora

Oblast tame takođe ima jezero vatre i jezero sumpora (gorućeg sumpora) kao dodatak Nižem grobu. Kada oni koji nisu spašeni umru, oni pate u Nižem grobu i onda idu u jezero vatre ili jezero gorućeg sumpora posle Velikog suda. Sud je učinjen bez greške po Knjizi života koja ima imena onih koji su spašeni i drugih knjiga u kojima su napisana dela svakoga pojedinca.

Knjiga Otkrivenja 20:12-15 govori kako je sud iznešen:

> *I videh mrtvace male i velike gde stoje pred prestolom, i knjige se otvoriše; i druga se knjiga otvori, koja je knjiga života; i sud primiše mrtvaci kao što je napisano u knjigama, po delima svojim. I more dade svoje mrtvace, i smrt i pakao dadoše svoje mrtvace; i sud primiše po delima svojim. Onda smrt i Had bačeni biše u jezero ognjeno. I ovo je druga smrt, jezero ognjeno. I ako se nečije ime ne nađe napisano u knjizi života, on bačen bi u jezero ognjeno.*

„Dela" se odnose na one koji nisu prihvatili Isusa Hrista ili one koji imaju mrtvu veru. Oni će stajati ispred prestola Boga da im se sudi, ali postoje knjige koje će biti otvorene. Osim Knjige života u kojima su zapisana imena onih koji su spašeni, postoje druge knjige koje imaju zapise svih i svačijih dela onih koji nisu spašeni. Ne samo dela svih ljudi već takođe i njihove misli i ono što su skrivali u njihovim srcima i mislima od njihovog rođenja pa do smrti zapisali su anđeli. Oni koji nisu spašeni sudiće im se u skladu sa veličinom njihovih grehova zapisanih u knjigama i dobiće večne kazne.

„More" se odnosi na stepen ljudske kultivacije, što jeste ovaj svet. Prema tome, izraz: „more dade svoje mrtvace," nam govori da su oni bili kultivisani na ovoj zemlji. Takođe, to znači da će zemlja predati njihova mrtva, fizička tela da im se sudi. Kada ljudi umru bez da su dobili spasenje, njihov duh biće zadržan u Nižem grobu dok će se njihova tela pretvoriti u šaku prašine negde na ovoj zemlji. Ali na Konačnom sudu, duše koje su u Nižem grobu će obući tela koja su prigodna za sud.

Takođe, ono kaže: „i smrt i Had dadoše svoje mrtvace." To znači da onima koji su u Nižem grobu je određeno da pate večnom smrću i zbog svojih grehova staće ispred Boga da im se sudi. Sve dok Sud velikog belog prestola ne zauzme svoje mesto, oni će dobiti razne vrste kazni u Nižem grobu kao što je mučenje insektima ili životinjama ili mučenje od strane glasnika pakla.

Posle Velikog suda, oni će pasti ili u jezero vatre ili u jezero gorućeg sumpora (Otkrivenje 21:8). Bol dat u jezeru vatre je neuporedivo bolniji od bola zadatog u Nižem grobu. Oni će patiti i biće natopljeni sa vatrom gde: „*GDE CRV NJIHOV NE UMIRE, I OGANJ SE NE GASI*" (Jevanđelje po marku 9:47-49). Jezero gorućeg sumpora je mesto za one koji su počinili teže grehove kao što je huljenje protiv Svetog Duha i ometanje dela Svetog Duha. Ono je sedam puta vrelije od jezera vatre.

Ambis

Najdublji deo oblasti tame je Ambis gde će zli duhovi ući. Nakon što se Gospod vrati u vazduhu, spašena deca Božja će imati Sedmogodišnji svadbeni banket u vazduhu. Tokom istog vremenskog perioda, zemlja će imati vreme stradanja. Zli duhovi koji su bili u vazduhu biće oterani dole na ovu zemlju i preuzeće vlast. Svet će biti zbrisan Trećim svetskim ratom i velikim tragedijama kao što je pakao na zemlji će se desiti. Kada se završi Sedmo godišnje veliko stradanje, zle duše biće odvedene u Ambis i Milenijumsko kraljevstvo će početi na ovoj zemlji.

Božja deca koja su završila Sedmogodišnji svadbeni banket u vazduhu doći će dole na zemlju sa Gospodom i vladaće sa Njime hiljadu godina (Otkrivenje 20:4). Zemlja, koju je razorilo Sedmogodišnje veliko stradanje, od tada će biti obnovljeno potpuno i imaće prelepo okruženje. Pri kraju Milenijumskog kraljevstva, zli duhovi će još jednom pušteni na trenutak u proviđenju Božjem, ali oni će opet biti zarobljeni u Ambisu posle Suda velikog belog prestola.

Pre početka Suda velikog belog prestola, Lucifer i njeni

glasnici kontrolišu Niži grob, ali posle Suda, Niži grob i Pakao biće rukovođeni samo pod vlašću Boga. Zli duhovi biće odbačeni kao đubre u Ambis koji je veoma mračan i hladan. Oni će biti tako zatvoreni da neće moći ni da se pomeraju nimalo kao da su pritisnuti velikim kamenom. Pali anđeli biće odbačeni a njihova krila otkinuta kao simbol prokletstva i sramote.

Biti odbačen ne zvuči možda toliko zastrašujuće kao bolovi i kazne Pakla, ali to nije tako. Baš kao što pritisak postaje sve jači kako vi idete dublje u vodu, snaga tela postaće jača kako ulazite dublje u Pakao. Ambis je najdublji deo pakla i sva energija mesa biće sabijena na tom mestu. Mnogo je strašnija i bolnija kazna kazna ići u Ambis nego biti mučen od glasnika pakla u Nižem grobu ili patiti u bolu u jezeru vatre ili jezeru gorućeg sumpora.

Zamislite da ste sabijeni u nečemu kao što je veliki betonski blok i da ne možete ni malo da se pomerite. Vi ste svesni, ali vi ne možete niti da dišete niti čak da trepnete okom. Vi ste živi fosil. Pošto ste fosilizovani, vi ćete da dobijete razne vrste bola, silu očajanja, i pritisak koji vas gura dole kao da ćete da se rasprsnete.

Lucifer je bila voljena veoma od Boga pre nego što se bila iskvarila, ali ona će biti uhvaćena u ovo večno prokletstvo kao rezultat što je stala protiv Boga. Bog nije kaznio Lucifera odmah nakon što se iskvarila. Ona je takođe bila samo biće tako da je Bog mogao odmah da je uništi, ali On nije i postojao je razlog za to.

To je zato što mi možemo da stanemo napred kao istinska Božja deca zahvaljujući postojanju Lucifera, vladateljkom tame tokom procesa naše ljudske kultivacije. Mi možemo da se promenimo u decu svetlosti koja liče na Boga time što ćemo biti pažljivi i molićemo se dok neprijatelj đavo vreba unaokolo kao ričući lav koji pokušava da pronađe nekoga da ga proždere. Bog želi da podeli večnu radost sa Njegovom decom svetlosti u Novom Jerusalimu, što je prostor svetlosti. Sada, koje su kvalifikacije za ulazak na ovo mesto svetlosti?

Poglavlje 2

Kvalifikacije za ulazak u prostor svetlosti

Svetlost i tama ne mogu da koegzistiraju.
Da bi otišli u prostor svetla mi moramo da rešimo problem tame.
Što smo mi više u zajednici sa Bogom koji je Svetlost i imamo srce Isusa Hrista, u sjajniji prostor svetlosti mi možemo da odemo.

Bog želi decu svetla

Upražnjavajte dobrotu sa srcem duha

Odgajajte plod pravednosti sa verom

Odgajajte plod iskrenosti sa delima

Plodovi svetlosti vode nas u prostor svetlosti

Ljudi moraju da idu ili u prostor svetlosti ili u prostor tame kada se njihovi životi na ovoj Zemlji završe. Pošto ljudski duh ne može biti uništen oni moraju da odu ili u na Nebo ili u Pakao.

U vezi toga Poslanica Jevrejima 9:27 kaže: „*I kao što je ljudima određeno jednom umreti, a potom dolazi sud...*" Takođe Jevanđelje po Jovanu 5:29 kaže: „*...oni koji su činili dobro u vaskrsenje života, a koji su činili zlo u vaskrsenje suda.*" Život na ovoj Zemlji nije kraj. Postoji život koji će doći i koji je večan i jednom kada je naš fizički život završen tada postoje samo dve alternative. Ili se ide na Nebo ili u Pakao.

Bog ljubavi želi da svi prime spasenje i uživaju u sreći u prostoru svetla. 1. Petrova Poslanica 2:9 kaže: „*A vi ste izabrani rod, carsko sveštenstvo, sveti narod, narod dobitka, da objavite dobrodetelji Onog koji vas dozva iz tame k čudesnom videlu Njegovom.*" .

Hajde da proverimo da li ćemo otići u Njegovu čudesnu oblast svetlosti kao carsko sveštenstvo.

Bog želi decu svetla

Apostol Pavle govori o Bogu sledeće: *„[Bog] koji sam ima besmrtnost, i živi u svetlosti kojoj se ne može pristupiti, kog niko od ljudi nije video, niti može videti. Njemu bi čast i država večna! Amin“* (1. Timoteju Poslanica 6:16). To znači da Bog boravi u svetlu i On je večan i perfektan. 1. Jovanova Poslanica 1:5 kaže: *„I ovo je obećanje koje čusmo od Njega i javljamo vama, da je Bog Svetlo, i tame u Njemu nema nikakve.“*

Jakovljeva Poslanica 1:17 takođe govori: *„...[Bog]u kog nema promenjivanja ni promenljive senke.“* Bog je Svetlost lično i On čak nema ni promenljive senke. Iz tog razloga Biblija nam na mnogim mestima govori da imi takođe treba da postanemo ljudi od svetla koji liče na Boga.

1. Solunjanima Poslanica 5:5 kaže: *„...jer ste vi svi sinovi videla i sinovi dana. Mi nismo noći niti tame,“* i Poslanica Efežanima 5:8-9 kaže: *„...Jer bejaste nekada tama, a sad ste videlo u Gospodu: kao deca Svetla živite (Jer je rod duhovni u svakoj dobroti i pravdi i istini).“* U Jevanđelje po Mateju 5:14-16 takođe čitamo: *„Vi ste videlo svetu. Ne može se grad sakriti kad na gori stoji; niti se užiže sveća i meće pod sud nego na svećnjak, te svetli svima koji su u kući. Tako da se svetli vaše videlo pred ljudima, da vide vaša dobra dela, i slave Oca vašeg koji je na nebesima.“*

Svetlost i tama ne mogu da koegzistiraju. Da bi otišli u prostor svetlosti mi moramo da rešimo problem tame.

Sada, šta tama koju moramo da odagnamo kako bi postali deca svetla? Jednostavno rečeno tama se odnosi na sve što pripada grehu. Ovo su stvari od mesa i dela od mesa koja su do detalja objašnjena u knjizi *Duh Duša i Telo, Tom 1.*

Dela mesa su grehovi koji su fizički učinjeni a stvari mesa su grehovi počinjeni u nameri i mislima. Na primer nemoralnost, pohlepa, zlo i zavist su sve nepravednosti kao što je napisano u Poslanici Rimljanima 1. Takođe u Poslanici Galaćanima 5 nemoralnost, pohotljivost, idolopoklonstvo, veštičarenje neprijateljstva, svađe, ljubomora, srdnje, prkosi, raspre, sablazni, jeresi, zavisti, pijanstva i žderanja su „dela mesa."

Postoje takođe stvari koje ne deluju kao tama nama ali su zlo u Božjim očima. Baš kao što tama ne može da postoji pre svetlosti, greh i zlo koji pripadaju tami biće otkriveni kada svetlost istine zasija nad njima. Uz Reč Boga koji je svetlost, mi možemo da uočimo tamu koju sami od sebe nismo mogli uočiti.

Na primer, Isus je objasnio da će On umreti uskoro u Jerusalimu i Petar je pokušao da zaustavi Ga zbog svoje ljubavi prema Njemu. Onda, Isus ga je prekorio govoreći: „*Idi od mene sotono!*" (Jevanđelje po Mateju 16:23)

Petar je mislio da je njegova dužnost da zaustavi Isusa, ali to je bila tama u Božjim očima. To je bila volja Božja da Isus bude razapet i da ispuni put spasenja. Sa takvim prekorom, Petar je postao pokoran apostol koji je oživljavao mrtve i doveo je hiljade ljudi do pokajanja u jednom danu nakon što je primio Svetog Duha.

Kao što je objašnjeno, da bi neko išao u oblast svetlosti, on mora da izađe iz sveta tame i da čini dela kao dete svetlosti. Hajde da pogledamo u ono što moramo posebno da uradimo.

Dobiti pravednost Božju sa verom

Da bi mi išli u prostor svetlosti, mi najpre moramo da se pokajemo od greha što nismo verovali u Boga i onda prihvatimo Isusa Hrista. Ko god da dobije oproštaj od grehova verujući u Isusa Hrista imaće kvalifikacije da uđe u prostor svetlosti. Poslanica Rimljanima 3:22 kaže: „*...a pravda Božja verom Isusa Hrista u sve i na sve koji veruju; jer nema razlike.*“

Takođe Jevanđelje po Jovanu 14:6 kaže: „*Isus mu reče: Ja sam put i istina i život; niko neće doći k Ocu do kroza Me.*“ Poslanica Rimljanima 10:9 kaže: „*Jer, ako priznaješ ustima svojim da je Isus Gospod, i veruješ u srcu svom da Ga Bog podiže iz mrtvih, bićeš spasen.*“

Ako mi priznamo sa našim ustima Isusa kao Gospoda i verujemo u srcu da je Bog uzdigao Njega iz mrtvih, to znači da mi verujemo u proviđenje sa krsta i u moć vaskrsenja. Naime, mi verujemo da je Isus umro na krstu umesto nas, koji smo osuđeni da dobijemo večnu kaznu zbog grehova, i da je On prolio Njegovu dragocenu krv da bi nas otkupio od svih naših grehova.

Ako mi zaista verujemo u ovu činjenicu, mi ćemo priznati sve naše grehove i odlučićemo da živimo u svetlosti zahvalni Gospodu koji je patio za nas. Bog ispra grehove takvih ljudi sa krvlju Gospodovom i daje im dar Svetog Duha. Bog njih prihvata kao Svoju decu i piše njihova imena u knjigu života (Otkrivenje Jovanovo 20:15, 21:27). Ovako mi možemo da uživamo u večnom životu na Nebu, koje je prostor svetlosti, kada priznamo da nismo živeli po Reči Božjoj, odvratimo se od grehova i hodamo u svetlosti.

Imajte zajednicu sa Bogom koji je svetlost

1. Poslanica Jovanova 1:6-7 kaže: „*Ako kažemo da imamo zajednicu s Njim a u tami hodimo, lažemo i ne tvorimo istine; ako li u videlu hodimo, kao što je On sam u videlu, imamo zajednicu jedan s drugim, i krv Isusa Hrista, Sina Njegovog, očišćava nas od svakog greha.*" Jednom kada prihvatimo Isusa Hrista i dobijemo dar Svetog Duha, mi moramo da naučimo i praktikujemo Reč Božju koja je istina da bi bili smatrani kad dete koje ima zajednicu sa Bogom.

1. Poslanica Jovanova 2:3 kaže: „*I po tom razumemo da Ga poznasmo, ako zapovesti Njegove držimo,*" a 1. Poslanica Jovanova 3:23 kaže: „*I ovo je zapovest Njegova da verujemo u ime Sina Njegovog Isusa Hrista, i da ljubimo jedan drugog kao što nam je On dao zapovest.*"

Mi moramo da odbacimo ne samo grehove počinjene u delima ali takođe i zlo u našim srcima da bi se pokorili Božjim rečima koje nam govore da šta ne treba da radimo i šta da odbacimo. Takođe, mi revnosno moramo da činimo reči Božje koje nam govore da se radujemo, dajemo zahvalnost, ljubav, da se pokoravamo, služimo drugima i održavamo zapovesti. Na takav način da mi možemo da kultivišemo srce Gospoda sa milošću i snagom Boga i uz pomoć Svetog Duha.

Naše nebesko mesto boravka će se razlikovati do mere do koje smo bili posvećeni i u skladu koliko smo mnogo svetlosti odavali kada smo postali duhovno dobra osoba kroz zajednicu sa Bogom koji je svetlost. Prema tome, čak iako smo dobili spasenje i dostigli smo kvalifikacije da uđemo u prostor svetlosti, mi moramo da se svim silama upinjemo da zgrabimo nebesko kraljevstvo sve više i više dok ne dostignemo dostigli najviši cilj, koji je grad Novi Jerusalim.

Postoje određene mere u kojima mi možemo da proverimo stepen u kome smo postali dete svetlosti. To su: duhovna ljubav koja je u 1. Poslanici Korinćanima 13; devet plodova Svetog Duha u Poslanici Galaćanima 5; Blaženstvo u Jevanđelju po Mateju 5 i plodovi Svetlosti u Poslanici Efežanima 5. Sada, dozvolite nam da se udubimo u kvalifikacije za ulazak u prostor svetlosti, fokusirajući se na plodove svetlosti.

Činite dobrotu sa srcem Duha

Poslanica Efežanima 5.9 kaže: *„...jer je rod duhovni u svakoj dobroti i pravdi i istini.“*

Dobrota je imati predivno srce koje nema ni malo zla već ima samo osobine dobrote. Vi činite dobro onima kojima je to potrebno; vi ne činite nepravdu drugima; i vi se povinujete Reči Božjoj i činite ono najbolje u svakom zadatku koji vam je dat, jer znate o Bogu Stvoritelju isto kao što znate za milost naših roditelja.

U svetu, ljudi kažu da ste dobri ako na zlo ne reagujete sa zlom, već ga podnosite. Ali ako ste još uvek uznemireni ili imate mržnju u mislima, da li možete zaista biti smatrani kao dobri? Dobrota čoveka i dobrota Boga su veoma različite. Prvi nivo dobrote koju Bog prepoznaje je ne uzvraćati zlo sa zlim, već nemati ni malo neprijatnih osećanja.

To je bio slučaj sa Josifom, suprugom device Marije. Jevanđelje po Mateju 1.19 kaže: *„A Josif muž njen, budući pobožan i ne htevši je javno sramotiti, namisli je tajno pustiti.“* Koliko se Josif samo užasno osećao kada je saznao da je njegova verenica Marija trudna iako nije spavala sa njim? Obično, ljudi bi u svojim srcima patili veoma mnogo ili bi se raspravljali sa njom. Ali Josif nije imao zlo u srcu, i on je samo želeo da je mirno napusti.

Drugi nivo dobrote je kada se neko prema nama ophodi sa zlobom, mi ne samo da nemamo neugodne misli, već smo sposobni da dotaknemo njegovo srce sa dobrim rečima i delima. Neprijatelj đavo i Sotona ne mogu da učine ništa sa takvom osobom koja je dostigla ovaj nivo dobrote.

Uprkos tome što nije bio sam kriv, David je bio proganjan od kralja Saula dugo vremena kada je jednog dana imao savršenu priliku da ubije Saula. David je išao u bitke i osvajao je pobede za svoju zemlju ali mu se Saul nije čak ni zahvalio nego je postao ljubomoran na njega. On je proganjao Davida sa svojom vojskom i pokušavao da ga ubije.

Jednog dana Saul je ušao u pećinu u kojoj se krio David. David je mogao da ga ubije ali on je samo odsekao ivicu sa Saulovog plašta. Kasnije, kada je Saul napustio pećinu, on je pozvao Saula i rekao je: *„Evo, oče moj! Evo vidi skut od plašta svog u mojoj ruci! Odsekoh skut od plašta tvog, a tebe ne ubih, poznaj i vidi da nema zla ni nepravde u ruci mojoj, i da ti nisam zgrešio; a ti vrebaš dušu moju da je uzmeš"* (1. Samuelova 24:11).

David je povikao Saulu, koji ga je proganjao da ga ubije. On je povikao govoreći „oče moj" i time se iskreno pokorio. On je zaista hteo da uteši srce Saula govoreći da je on poput psa i buve i da on nema nameru da ubije Saula. Saul je bio zloban, ali kada je čuo takvo svedočenje koje dolazi iz dobrote, on je bio taknut i prolio je suze. 1. Samuelova 24:16-17 kaže: *„Je li to tvoj glas, moj sine Davide? I podigavši Saul glas svoj zaplaka. I reče Davidu: „Praviji si od mene, jer si mi vratio dobro za zlo koje sam ja tebi učinio." "*

On je bio dirnut i samo je otišao kući. Ako zlu uzvratimo ne sa zlobom već sa dobrotom, Sotona ne može više da radi i čak zla osoba će biti dirnuta. Naravno, Saul je bio toliko zloban da se zlo kasnije opet pojavilo, ali ipak u tom momentu tama je oterana svetlom Davidove dobrote i Saul se preobratio.

Ipak postoji veći nivo dobrote od one koje samo pomera srce drugih. To je voleti čak i naše neprijatelje i dati naše živote za one koji čine nama zlo. To je dobrota Božja koji je poslao Njegovog jedinog rođenog Sina i to je dobrota Isusa Hrista. On je sveti Sin

Boga a ipak je dao Svoj život za čovečanstvo.

Mi možemo da osetimo ovaj nivo dobrote kroz Mojsija i takođe kroz Pavla. Kada je Bog želeo da uništi sve sinove Izraela zbog njihovih grehova, Mojsije se molio da oni budu spašeni čak iako bi to značilo da će njegovo ime biti izbrisano iz knjige života (Izlazak 32:32). Apostol Pavle je rekao: „*Jer bih želeo da ja sam budem odlučen od Hrista za braću svoju koja su mi rod po telu*" (Poslanica Rimljanima 9:3).

Stefan je bio mučen kamenovanjem dok je propovedao jevanđelje. On nije imao nimalo mržnje čak iako je bio kamenovan iako nije bio kriv. Ali umesto toga on je pozivao Gospoda jakim glasom: „*Gospode! Ne primi im ovo za greh!*" (Dela Apostolska 7:60)

Danas ljudi misle da ćete patiti samo zbog gubitaka i bićete smatrani blesavim ako ste iskreni i dobri prema drugima. Ali Bog je sam dobrota, i On nas štiti sa Njegovim gorućim očima, vatrenim zidovima Svetog Duha i nebeskom vojskom i anđelima kada pratimo dobrotu. Prema tome, testovi i iskušenja nestaju i čak iako se vrate mi ih prolazimo sa dobrotom. Ovo nam donosi veće blagoslove i napredak u svemu.

Naravno, mi ponekad moramo da žrtvujemo sebe i istrošimo svoju snagu da bi pratili dobrotu. Ali oni koji su dobri ne smatraju da će ovakve stvari biti teške. Oni radije nailaze da je to radosnije što praktikuju dobrotu. Duhovna snaga je nemati greh i naše duhovno svetlo će postati jače do mere da smo odbacili zlo i kultivisali dobrotu. Jednom kada uđemo u nivo dobrote koju nam je Bog podario, zli ne mogu da nas dodirnu zbog našeg svetla i mi ćemo moći da uništimo spletke neprijatelja đavola i Sotone (1. Jovanova Poslanica 5:18).

Odgajajte plod pravednosti sa verom

Drugi plod svetlosti je pravednost. Uopšteno, pravednost znači posvetiti svoj život dobrim delima, bez očekivanja da se dobra dela čine za vas. Ali pravednosti u istini je odbaciti grehove, održavati zapovesti iz Biblije, i težiti ka Božjem kraljevstvu i Njegovoj pravednosti u skladu sa Njegovom voljom. Danilo je jedan od najboljih primera koji je imao veliku pravednost.

Danilo je bio iz kraljevske porodice iz Judinog roda. On je zarobljen 605-e godine pre Hrista kada je južno kraljevstvo Judino napao kralj Navukodonosor iz Vavilona. Kada su Vavilonci regrutovali talentovane ljude drugih rasa, Danilo je bio odabran zajedno sa njegova tri prijatelja i on je radio kao najviši službenik Vavilona dugo vremena. Čak iako je bio zarobljen, on je imao visoku poziciju u Vavilonu i on je bio prepoznat kao istinski prorok Božji. Razlog je zato što se on u potpunosti oslanjao na Boga i održavao svoju veru.

Kada je prvi put otišao ispred kralja Vavilona, on je bio mlad čovek. On je bio treniran tri godine i bio je osoba koja je morala da proba hranu koju mu je birao kralj. Ali on se plašio da bi izbor hrane možda sadržavao i neukusna jela koja su zabranjena od Boga, i on nije hteo da je uzima. On u stvari nije imao izbora zato što je bio zarobljen, ali je ipak mrzeo i odbijao ono što je Bog mrzeo.

Kako bi održali svoju veru u Boga i ne zagađivali sebe, on je pitao nadzornika da dozvoli njemu zajedno sa njegovim prijateljima da uzimaju samo povrće umesto kraljevog izbora hrane. On je predložio da uzima samo povrće i vodu deset dana kao test. Kada je nadzornik uporedio njega sa drugim mladim ljudima posle deset dana, on je mogao da vidi da su Danilo i njegova tri prijatelja izgledali bolje od drugih mladih ljudi.

Bog je video njihovu veru i dao im je neverovatne blagoslove. Danilo 1:17 kaže: „*I dade Bog svoj četvorici mladića znanje i razum u svakoj knjizi i mudrosti; a Danilu dade da razume svaku utvaru i sne.*" Stih 20 kaže: „*I u svemu čemu treba mudrost i razum, za šta ih car zapita, nađe da su deset puta bolji od svih vrača i zvezdara što ih beše u svemu carstvu njegovom.*"

Vavilon su uništili Media i Persija 539-e godine pre Hrista za vreme vladavine kralja Belašazara, sina kralja Navukodonosora. Nova nacija, Persijsko carstvo, zamenila je Vavilon. Kralj Persije Darijus želeo je da postavi Danila za ministra da vlada celom zemljom jer je Danilo posedovao neverovatni duh. Danilo je bio zarobljen, ali čak i kad su se nacija i kralj promenili, on je ipak bio najomiljeniji.

Drugi ministri i vođe su bili ljubomorni na njega i hteli su da nađu način da ga optuže (Danilo 6:4-5). Ali oni nisu mogli da nađu krivicu u njemu, i oni su predložili uredbu kralju. Pretvaravši se da su podrška kralju, oni su rekli da će staviti svakoga u lavlji kavez ako se on moli za bilo kog drugog boga ili čoveka osim za kralja trideset dana. To je bila zamka koju su oni napravili naročito za Danila znajući da se on molio tri puta na dan okrenut Jerusalimu sa njegovim otvorenim prozorima.

Znajući ovu situaciju, Danilo se i dalje molio tri puta na dan na svojim kolenima (Danilo 6:10). On je mogao da napravi kompromis da bi zadržao svoju slavu i moć ili samo da bi izbegao smrt, ali on se u potpunosti oslonio na Boga. On je na kraju bio bačen u lavlji brlog zbog kršenja zabrane, ali on nije imao nikakvu mržnju protiv njegovog kralja. Nego je umesto toga radije blagoslovio kralja govoreći: „O kralju, živi zauvek!" On je održavao pravednost bez obzira koliko teška situacija je bila.

On nije imao ni malo krivice ili srama pred Bogom i ljudima i iz ovog razloga neprijatelj đavo i Sotona nisu mogli da mu naude nikakvom spletkom. Bog je poslao Svoje anđele da ga zaštite. On je izašao iz brloga živ i dao je slavu Bogu. Vrsta pravednosti koju Bog želi za nas je da održimo našu veru i da se ne nagodimo čak iako se suočimo sa smrću i da pratimo dobrotu u istini bez obzira kako se drugi ophode prema nama.

Odgajajte plod iskrenosti sa delima

Treći plod svetlosti je iskrenost. Iskrenost je biti nepromenljiv. To je takođe i čistota, poštenje i nevinost bez da imamo imalo neistine, podmuklosti ili lukavosti. Čak iako revnosno činite dobra dela i priznajete vašu veru, to ne može biti prepoznato kao istinski plod svetlosti od Boga sve dok ih činite da bi ste se istakli ispred drugih. Drugim rečima, ono što Bog želi od nas je iskreno ispovedanje vere, istinska dela i nepromenljiva iskrenost koja dolazi iz našeg srca.

U Postanku 22 mi možemo da vidimo kako se Avram povinovao Reči Božjoj kada mu je On rekao da žrtvuje svoj jedinog sina Isaka kao žrtvu paljenicu. Rano ujutru on je izašao sa Isakom i krenuo u zemlju koju je Bog odredio. On nije ni malo oklevao. On nije imao ni malo sumnje u svojoj glavi koristeći samo svoje misli. U momentu kada je hteo da da Isaka kao žrtvu paljenicu, anđeli Božji su se pojavili ispred njega i rekli mu da ne dira mladića. Bog je rekao: *„...sada poznah da se bojiš Boga"* (Postanak 22:12).

Poslanica Jevrejima 11:19 kaže: *„Pomislivši da je Bog kadar i iz mrtvih vaskrsnuti, zato ga i uze za priliku."* Avram je začeo svog sina Isaka sa moći Božjom kroz Saru, koja je već dobro premašila godine začeća i rađanja dece. Tako da, on je verovao da će Bog oživeti Isaka nakon što ga da kao žrtvu paljenicu. Mi možemo da vidimo čvrstu veru između Avrama i Boga kroz ovaj događaj.

U mnogo drugim slučajevima mi možemo da vidimo koliko iskren je Avram bio. Kada je stigao u Betel sa svojim nećakom Lotom, broj stada i stoke je bio toliko veliki da su njihovi pastiri često imali razmirica. Ovde, Avram je vikao na svog nećaka govoreći mu: *„Nije li ti otvorena cela zemlja? Odeli se od mene. Ako ćeš ti na levo, ja ću na desno; ako li ćeš ti na desno ja ću na levo"* (Postanak 13:9).

Lot je otišao u zemlju Jordan koja je imala više vode, tražio je sopstveno dobra, i dostigao je Sodomu. Grad Sodoma je bio napadnut i mnogi su bili zarobljeni. Kada je čuo za ovu vest

Avram je poveo svoje ljudi i vratio je Lota i ljude iz Sodome. Kralj Sodome mu je ponudio blago, ali on je odbio da uzme bilo šta od toga (Postanak 14:15-23).

Kada su Sodoma i Gomora bile uništene vatrom sa neba, Lot i njegove dve kćeri su bili spašeni zahvaljujući molitvama Avrama (Postanak 18). Takođe, kada je Avram kupio grobnicu za njegovu suprugu Saru, Hetiti su ponudili za ništa svoju zemlju i pećinu Makpeli njemu, ali on je kupio po pravoj ceni (Postanak 23:16). On je imao mnogo dece od njegove druge supruge i dok je bio živ on je dao svakome poklone kako ne bi kasnije imali sukoba. Iz svega ovoga mi možemo da vidimo pravednost koju je Avram imao.

Jakovljeva Poslanica 2:23-24 kaže: „*I izvrši se pismo koje govori: Avram verova Bogu, i primi mu se u pravdu, i prijatelj Božji nazva se. Vidite li, dakle, da se delima pravda čovek, a ne samom verom.*“ Bog je sam pravednost i Bog je blagoslovio Avrama zbog svojih dela vere. Avram je došao da boravi blizu prestola Božjeg u najsjajnijem prostoru svetlosti time što je postao prijatelj Boga.

Plodovi svetlosti vode nas u prostor svetlosti

Da bi dobra dela bila viđena kao plod Svetlosti, ona moraju da sadrže pravednost, što je pravednost Božja. Ali imati dobrotu i pravednosti nije kompletno. Mora postojati iskrenost u njima. Tako, mi možemo da uberemo plod Svetlosti samo kada imamo svu dobrotu, pravednost i iskrenost.

Sada, kako bi mogli da uberemo plod Svetlosti potpuno, mi moramo da prođemo kroz proces izlaska iz tame da bi ušli u svetlost, kroz pokajanje. To je rečeno u Poslanici Efežanima 5:11-13 Verzija Kralja Džejmsa: „*I ne pristajte na bezrodna dela tame, nego još karajte. Jer je sramno i govoriti šta oni tajno čine. A sve za šta se kara, videlo objavljuje; jer sve što se objavljuje, videlo je.*"

Ovde, karati nije samo prekoriti loša dela. To je prekor da bi jedan mogao da izađe iz tame i uđe u svetlost. Ponekad, kada su članovi crkve u teškim situacijama zbog svojih grehova, radije nego da ih utešim ja ih ostavljam da shvate zašto se suočavaju sa teškim testovima i iskušenjima. Ja ih prekoravam zato što ne žive u istini. Ali čak i kada nas niko ne prekorava, važno je da mi prekorimo sami sebe u skladu sa Rečju Božjom kada učinimo nešto pogrešno.

Kada Bog otkrije i pokaže svaki od naših grehova i tamu, to je zato što nas On voli. Bog ljubavi želi da Njegova deca borave u savršenoj svetlosti Božjoj tako da će oni dobiti blagoslove na ovoj zemlji i šta više oni će boraviti u svetlijem prostoru u večnom Nebeskom kraljevstvu u budućnosti. Zbog ovoga, mi moramo da odbacimo sve što pripada tami i kultivišemo svetost i savršenstvo tako da ličimo na Boga koji je Svetlost (Jevanđelje po Mateju 5:48; 1 Petrova Poslanica 1:16).

Od vremena kada je sreo Gospoda na svom putu ka Damasku, apostol Pavle je sebe načinio pokornim Hristu i propovedao je jevanđelje nebrojenim nejevrejima. On je rekao: *„Svaki dan umirem, tako mi, braćo, vaše slave, koju imam u Hristu Isusu Gospodu našem"* (1. Korinćanima Poslanica 15:31).

Ako mi potpuno odbacimo telesne misli koje su neprijateljske prema Bogu i umiremo u Gospodu svaki dan i imamo samo duhovne misli kao što su: „Kako ja mogu da dostignem kraljevstvo Božje i Njegovu pravednost? Kako mogu da potpuno žrtvujem moje srce? Kako ja mogu da povedem još duša na Nebo?" Onda tada mi možemo da uživamo u iskrenom miru i odgajimo plod Svetlosti u izobilju.

Plod Svetlosti nije samo sva dobrota, pravednost i iskrenost, već su u stvari svi plodovi koje odgajamo dok imamo zajednicu sa Bogom i imamo srce Isusa Hrista, koje uključuje duhovnu ljubav, plodove Blaženstva i plod Svetog Duha. Svi ovi plodovi se moraju potpuno roditi u nama da bi mogli da odemo u Novi Jerusalim. Ako je neki plod potpuno zreo dok drugi nije, mi nećemo imati kvalifikacije da uđemo u Novi Jerusalim. Ja se nadam da ćete vi revnosno održavati Reč Božju i da ćete imati kvalifikacije da uđete u najsvetliji deo prostora svetlosti.

2. Deo

Duh, duša i telo u duhovnom prostoru

Kriterijum u kategorisanju nebeskih mesta boravka

Slava data u duhovnom prostoru

„Evo vam kazujem tajnu: jer svi nećemo pomreti,
a svi ćemo se pretvoriti, ujedanput, u trenuću oka u poslednjoj trubi;
jer će zatrubiti i mrtvi će ustati neraspadljivi, i mi ćemo se pretvoriti.
Jer ovo raspadljivo treba da se obuče u neraspadljivost,
i ovo smrtno da se obuče u besmrtnost."
- 1. Korinćanima Poslanica 15:51-53

Poglavlje 1

Različita mesta boravka

Nebeska mesta boravka koja ćemo mi dobiti će
se razlikovati po tome koliko mi ličimo na Boga i živimo po Njegovoj volji.
Nebesko kraljevstvo ima različita mesta boravka.
Ukoliko je bolje mesto boravka,
utoliko je veća čast i radost u kojima možemo tamo uživati.

Ljudi imaju svojstvo da veruju samo ono što mogu da vide ili provere svojim sopstvenim očima. Ali postoje mnoge stvari koje ljudi ne mogu baš da provere očima. Na primer, vetrovi i miris cveća ne mogu biti viđeni ali oni postoje. Takođe postoji i duhovno kraljevstvo koje je na većem nivou nego ova vidljiva dimenzija koja je fizički svet. Nije pravo poricati duhovno kraljevstvo samo zato što nije vidljivo.

U ogromnom duhovnom prostoru kraljevstvo nebesko je locirano u Trećem nebu. Treće nebo je bezgranični prostor i ima nekoliko različitih mesta boravka od Raja do Novog Jerusalima. Nebeska mesta boravka data svakome koji je spašen će se razlikovati zavisno od stepena koliko je svaka osoba postigla posvećenje i živela po Božjoj volji u veri. I zavisno od stepena koliko smo mi u ovom životu postali osobe kakve Bog želi, mi ćemo dobiti različitu slavu kao osoba koja pripada Nebu.

Zato u 1. Korinćanima Poslanici 15:40-41 čitamo: „*I imaju telesa nebeska i telesa zemaljska: ali je druga slava nebeskim, a druga zemaljskim. Druga je slava suncu, a druga slava mesecu, i druga slava zvezdama; jer se zvezda od zvezde razlikuje u slavi.*“

Individualne slave na nebu

Jedna od iskonskih priroda Boga je svetost. Biblija često govori o svetosti zato što Bog želi da ljudi koji su stvoreni po Božjem liku imaju svetost Boga. Levitski Zakonik 20:26 kaže: *„I bićete Mi sveti, jer sam svet Ja, GOSPOD, i odvojih vas od drugih naroda da budete Moji.“* 1. Petrova Poslanica 1:16 kaže: *„...jer je pisano: Budite sveti, jer sam ja svet.“*

Zato oni koji žive po volji svetog Boga su ti koji pripadaju nebu. Oni će uživati nebesku slavu u nebeskom kraljevstvu. Sa druge strane oni koji žive u grehovima i zlu koji su protiv volje Božje su ti koji pripadaju zemlji i otuda oni će otići u Pakao.

Oni koji pripadaju zemlji nisu samo ljudi koji ne prihvataju Isusa Hrista i ne veruju u Boga. U Jevanđelju po Mateju 7:21se kaže: *„Neće svaki koji Mi govori: Gospode! Gospode! Ući u carstvo nebesko; no koji čini po volji Oca Mog koji je na nebesima.“* Čak i ako kažu: „Gospode, Gospode,“ i kažu da veruju u Njega oni su i dalje među onima koji pripadaju zemlji sve doklegod ne postupaju po volji Božjoj.

Šta mi treba da učinimo da bi otišli u nebesko kraljevstvo i uživali slavu sunca kao osoba koja pripada nebu? U Poslanici Jevrejima 12:4 mi nalazimo da tokom našeg života na ovoj Zemlji mi moramo da se borimo i oteramo sve naše grehove *„do tačke prolivanja krvi.“* Šta više u 1. Poslanici Solunjanima 5:22 se kaže da mi moramo da dostignemo svetost tako što ćemo da se oslobodimo svih vrsti zla i budemo potpuno ispunjeni Duhom. Baš kao što su svetlost sunca, svetlost meseca i svetlost zvezda svaka različita tako će i slava svake osobe koja pripada nebu biti različita.

Isaija 60:1 kaže: „*Ustani, blistaj, jer dođe svetlost tvoja, i slava GOSPODNJA obasja te.*" Nakon što smo prihvatili Isusa Hrista koji je došao kao Svetlo sveta mi moramo da isijavamo duhovna svetla do te tačke da mi činimo samo po reči Božjoj. Kao osobe koje pripadaju nebu mi moramo da zračimo svetlost toliko sjajno kao sunčevi zraci u podne i tako oteramo silu tame, vodimo duše ka spasenju i dajemo slavu Bogu.

Nebo ima mnoga mesta boravka

Isus je večeru za Pashu imao sa svojim učenicima u Markovoj kući u sobi na spratu veče uoči Njegove smrti. Na Tajnoj večeri (Poslednja večera) On ih je podsetio na postojanje kraljevstva nebeskog tako da bi se oni nadali njemu.

Isus je rekao u Jevanđelju po Jovanu 14:2: „*Mnogi su stanovi u kući Oca Mog. A da nije tako, kazao bih vam; idem da vam pripravim mesto. I kad otidem i pripravim vam mesto, opet ću doći, i uzeću vas k Sebi da i vi budete gde sam Ja.*"

Isus je vaskrsao trećeg dana nakon što je razapet i naočigled mnogih ljudi se uzneo na nebo. On je otišao da pripremi mesta boravka na Nebu gde će Božja deca zauvek boraviti. Kada je On rekao: „*Mnogi su stanovi u kući Oca Mog.*" On izražava želju da svi ljudi budu spašeni (1. Timoteju Poslanica 2:4).

Nebo je duhovno mesto koje je stvoreno čak i pre nego što je Trojedini Bog stvorio Zemlju. To je bezgranični prostor čija dubina, širina, zapremina i veličina ne može biti izmerena ljudskom pameću. Sadrži Božji presto, nebrojeno mnogo duhovnih bića i domove u kojima će deca Božja živeti zauvek. U centru kraljevstva nebeskog je Novi Jerusalim, koji je Nebesko najveličanstvenije mesto.

Duhovna svetla koja isijavaju iz Božjeg prestola i Reka vode života čine da se deca Božja osećaju srećnija i još više počastvovana. Bog daje svakome od nas prikladno mesto boravka i nagrađuje nas u skladu sa vrstom vere koju mi imamo i kako dajemo slavu Bogu na ovoj zemlji.

Grad Novi Jerusalim je smešten na vrhu trećeg neba, a „ispod" Novog Jerusalima je Treće, Drugo i Prvo nebesko kraljevstvo i Raj. To ne znači da oni izgledaju kao zgrade na ovoj zemlji jedno bukvalno ispod drugog. Sva mesta boravka na Nebu su horizontalna a ipak vertikalno imaju različite visine.

Kraljevstvo nebesko na silu se uzima

Jevanđelje po Mateju 11:12 kaže: *„A od vremena Jovana Krstitelja do sad carstvo nebesko na silu se uzima, i siledžije dobijaju ga.* " Nebo je prelepo i mirno mesto, i zašto se kaže da se na silu uzima, i da ga nasilni ljudi uzimaju na silu?

To znači da oni koji imaju veliku nadu za nebeskim kraljevstvom će voditi marljiv život u veri i pokušaće da uđu u grad Novi Jerusalim. Ovaj marljiv život se odnosi na izraz: „nasilni ljudi ga silom uzimaju."

Sada, protiv koga oni moraju da budu nasilni? Oni su nasilni prema neprijatelju đavolu i Sotoni koji podstiču ljude da počine greh. Da bi otišli na Nebo, mi moramo da se borimo protiv tame i da je savladamo. Da bi bi uzrokovali da ljudi padnu, neprijatelj Sotona stimuliše grešnu prirodu u ljudima i izazivaju ih da počine greh. Ovde, oni koji zaista teže za kraljevstvo neba nadvladaće to uz pomoć Reči Božje.

Mi možemo silom da uzmemo grad Novi Jerusalim do mere da postanemo dete Božje koje se osvećuje Rečju Božijom i molitvom (1. Timoteju Poslanica 4:5). Od 2. Korinćanima Poslanice 12:1 pa na dalje, mi vidimo da je apostol Pavle otišao u Raj, koji je na Trećem nebu, i naučio je velike tajne kraljevstva nebeskog. Od tog vremena pa na dalje on je nastavio u borbi za dobrotom sve dok nije postao mučenik. On je silom uzeo grad Novi Jerusalim, tražio je krunu pravednosti koju je Bog pripremio za njega.

U Otkrivenju Jovanovom 19:7-8 čitamo: „*Da se radujemo i veselimo, i da damo slavu Njemu; jer dođe svadba Jagnjetova, i žena Njegova pripravila se. I dano joj bi da se obuče u fino platno, čisto i belo: jer je fino platno pravda svetih,*" i u Otkrivenju Jovanovom 22:14 takođe čitamo: „*Blago onime koji peru svoje odore, da im bude vlast na drvo života, i da uđu kroz kapije u grad.*"

Ovde „odore" i „fino platno" se odnosi na srce i dela ljudi. Mi možemo da prođemo kroz kapiju i da uđemo u sveti grad kada očistimo naša srca i dela. Kako se „kapija" u množini koristi, mi možemo da vidimo da postoje više kapija. Kako bi mogli da uđemo u Novi Jerusalim, mi prvo moramo da prođemo kroz kapiju spasenja i steknemo kvalifikacije da bi ušli u Raj. Onda, mi moramo da prođemo kroz kapije Prvog, Drugog i Trećeg kraljevstva Neba. Na kraju, mi moramo da prođemo kroz Bisernu kapiju Novog Jerusalima.

Ovo je razlog zbog koga se kaže „kapije," i mi možemo naučiti iz ovog pasusa da neće svi koji su spašeni dobiti istu slavu na Nebu. To je nešto za šta mi moramo biti zahvalni što znamo za ovo nebesko kraljevstvo i da se borimo da dobijemo što bolje mesto boravka svim silama.

Razlog zbog čega su nebeska mesta boravka kategorisana

Oni koji su prihvatili Isusa Hrista, ali nisu preobratili svoje srce i prema tome nisu odbacili zlo, imaju duhovnu svetlost koja je veoma bleda. Ali oni koji su odbacili sve vrste zla i postali su posvećeni imaju veoma jaku duhovnu svetlost. Kao što je ranije navedeno, svaki vernik ima različiti sjaj svog duhovnog svetla. Što više vernik čini po Reči Božjoj i odbacuje grehove, sjajnija i lepša je svetlost koja izlazi iz njega. Oni koji su postali potpuno posvećeni imaju tako jak sjaj da oni koji nemaju ne mogu čak ni direktno da pogledaju u njih.

Ako samo mislimo sa zdravim razumom čoveka, mi lako možemo da razumemo da je teško za one koji imaju jaku duhovnu veru i onima koji nemaju da se slažu i žive zajedno. Čak i na ovom svetu, mnogo je prijatnije da se deca druže sa decom, tinejdžeri sa tinejdžerima i odrasle osobe sa odraslim osobama.

Deca i odrasle osobe ne mogu u stvari da postanu prijatelji jer je svet u kome žive različit, i njihova inteligencija i način razmišljanja se znatno razlikuje.

Slično tome, oni koji imaju sličan sjaj duhovne svetlosti će boraviti na istom mestu. Šta ako bi svi živeli u istom prostoru u večnom kraljevstvu neba? Oni koji su posvećeni će razumeti srca jedni drugih i neće imati nimalo neslaganja. Ali oni koji nisu posvećeni ne mogu istinski da ih razumeju. Iz ovog razloga, Bog kategoriše različita mesta boravka kako bi ljudi imali sličnu jačinu duhovnog sjaja i mogu ugodno da žive zajedno.

Otkrivenje Jovanovo 21:23 kaže: „*I grad ne potrebuje ni sunce ni mesec da svetle u njemu; jer ga slava Božija prosvetli, i žižak je njegov Jagnje.*" Pored nekoliko nebeskih mesta boravka, grad Novi Jerusalim je kristaloid ljudske kultivacije koju je Bog planirao. To je mesto gde Bog može da deli svoju ljubav sa Njegovom decom zauvek. Bog je pripremio Treće, Drugo i Prvo kraljevstvo Neba, i Raj za one koji nisu u potpunosti kultivisali srca istine i nisu kvalifikovani za ulazak u Novi Jerusalim.

Sada, dozvolite nam da se udubimo u neke osobine svakog mesta boravka od Raja do grada Novog Jerusalima. Mi ćemo takođe pogledati koje vrste ljudi odlaze u koja mesta boravka.

Raj, mesto boravka za one koji su jedva spašeni

Bog je poslao Isusa na ovu zemlju za nas koji idemo na put

smrti zbog grehova. Isus je otkupio od nas sve naše grehove kroz Njegovo razapeće. Ako mi verujemo da je On jedini put ka spasenju i prihvatimo Njega kao našeg ličnog Spasitelja, Bog nam daje dar Svetog Duha. Jednom kada primimo Svetog Duha, naš duh koji je umro tokom Adamovog greha biće oživljen i mi ćemo dobiti pravo da zovemo Boga „Ocem." To znači da postajemo deca Božja, naša imena su zapisana u Knjigu života i dato nam je pravo boravka u nebeskom kraljevstvu.

Ali nakon što je naš mrtvi duh oživljen, ovaj duh ne može da raste ako ne činimo po Reči Božjoj i ne odbacimo grehove. Naš duh raste do te mere da smo odbacili grehove. Mi možemo da uđemo u Novi Jerusalim samo onda kada potpuno povratimo izgubljeni lik Božji time što smo napravili da naš duh raste u potpunosti. Ako naš duh ne raste i ako jedva dobijemo spasenje zato što imamo veru malu poput semena gorčice, onda ćemo mi ići u Raj. U odnosu sa nivoima vere, ovo je vera na prvom nivou. Prvi nivo vere je nivo u kome mi dobijamo sramno spasenje.

Raj je mesto koje je napravljeno sa ljubavi i saosećanjem Božjim. Bog je pripremio ovo mesto za ljude koji su spašeni ali nisu vredni toga da budu zvani Božjom decom. Ovo je na neki način sramno da ih zovemo Božjom decom ali Bog ne može u Pakao da ih pošalje. Ali u stvari, Raj će smestiti najveći broj vernika za razliku od drugih mesta boravka. Ovo mesto je čak i najobsežnije i od univerzuma Prvog neba. Ljudi u Raju će biti zahvalni i živeće radosno samo iz činjenice da nisu otišli u Pakao i da su spašeni.

Čak iako je to najniži nivo mesta boravka na Nebu, ne postoji ipak ni jedno mesto na ovom svetu koje može da se meri sa lepotom i veličinom da može biti uporediva sa njime. Na velikoj poljani koja ima savršenu harmoniju prelepog cveća i zelene trave, razne životinje kruže okolo i sve te životinje izgledaju umiljato.

Na ovom svetu, drveće i cveće će se osušiti i nestaće kako vreme prolazi. Ali, drveće u Raju je uvek zeleno i cveće tamo nikada ne može da se isuši. Kako im ljudi prilaze, cveće će se lelujati napred i nazad i otvaraće i zatvaraće svoje latice kako odaje svoj unikatni i predivni miris kao da žele dobrodošlicu ljudima. Postoje mnogo vrsta voća. Ono je malo veće od onog na ovoj zemlji i ima blistavu auroru. Ljudi mogu da ga jedu sa drveća zato što nema prašine ili insekata.

Oni mogu da sede na travnjak i da vode prijatne razgovore dok jedu voće. Ovi ljudi nisu ništa posebno uradili za kraljevstvo Božje tokom svojih života na zemlji, tako da oni nisu dobili nikakve nagrade na Nebu. Ali oni su toliko srećni zbog činjenice da tamo nema tuge, bolesti, bola ili smrti. U veoma posebnim slučajevima i okolnostima, neki od njih mogu biti pozvani na događaje održavane u Novom Jerusalimu.

Ali postoji velika razlika u svetlosti između onih koju su u Novom Jerusalimu i onih koji su u Raju, tako da ljudi u Raju ne prihvataju obično pozive jer ih je suviše sramota da idu. Kada oni idu u posetu, oni moraju da prate poseban red i vreme. Oni će biti toliko srećni samo što su posetili veličanstveni grad Novi Jerusalim i velika je radost da podele ono što su videli i iskusili u Novom Jerusalimu nakon što se vrate u Raj.

Samo zato što je Raj najniži nivo mesta boravka na Nebu, mi ne smemo da podcenjujemo lepotu i radost njegovu. Iako je to mesto za one koji su sramno spašeni, to je ipak mesto koje ne može biti uporedivo sa ni jednim mestom na svetu u lepoti i to je čak i mnogo lepše nego Edenski vrt gde je Adam živeo.

Prvo kraljevstvo neba

Prvo kraljevstvo neba je mnogo lepše i srećnije mesto od Raja. Sve je u okruženju mnogo lepše nego u Raju. Ovo je mesto za one koji su prihvatili Isusa Hrista, učinili su da njihov mrtvi duh oživi i pokušali su da sprovedu Reč Božju dela ali je nisu u potpunosti ispunjavali. Naime, to je za one koji imaju drugi nivo vere u procesu rasta vere.

U Prvom kraljevstvu neba oni dobijaju nagrade u skladu sa time šta su učinili na zemlji. Kuće u Prvom kraljevstvu neba su kao apartmani na ovom svetu. Ali one su sagrađene od zlata i drugih dragih dragih kamenja u skladu sa ukusom svojih vlasnika. Postoje liftovi u zgradama, koji se pokreću uz moć Božju i oni vas vode do sprata do kojeg želite bez da pritiskate dugme.

Za one koji idu u Prvo kraljevstvo neba, večna kruna će biti data (1. Korinćanima Poslanica 9:25). To je kao nagrada za učešće. Oni znaju Reč Božju ali nisu je praktikovali na ovom svetu. Oni su znali da moraju da odbace grehove ali nisu odbacili mnoge njihove naređene grehove. Ali Bog je cenio njihovu snagu u samoj želji da praktikuju Njegovu Reč kao svoju veru i dao im je nagrade u skladu sa time.

Postoji mnogo lepih bašta u Prvom kraljevstvu neba. Postoje takođe mnogo objekata za razonodu kao što su veliki parkovi sa mnogo drveća, zabavnih parkova, jezera, staza za šetnju, bazena za plivanje, terena za golf, terena za tenis i tako dalje. Ali osim mesta boravka koja su individualna i kruna koje su date, sve ostalo je za javnu upotrebu. To je slično kada u okviru kompleksa apartmana imamo u sredini parkove i sportske objekte za javnu upotrebu.

Tamo svaki pojedinac nema svog ličnog anđela za pomoćnika. Međutim ljudi mogu svuda da dobiju pomoć od anđela. To je ono što ga prvenstveno razlikuje od Raja. Na primer, dok oni razgovaraju na klupi, oni mogu da pitaju anđele da im donesu voće ako žele da jedu voće. Dok u Raju, oni moraju sami da uzmu voće. Na ovaj način, postoji velika razlika u načinu življenja između onih u Raju i onih u Prvom kraljevstvu Neba. Oni koji su u Prvom kraljevstvu Neba ne postaju ljubomorni na one koji žive u mestima boravka na višem nivou. Svako oseća neverovatnu sreću i zadovoljstvo u svakom mestu boravka.

Drugo kraljevstvo neba

Drugo kraljevstvo neba je čak i sjajnije i mnogo lepše za razliku od Prvog kraljevstva neba. Zgrade koje su napravljene sa dragim kamenjem su mnogo raskošnije i lepše. Broj različitih vrsta životinja i biljaka se mnogo razlikuje od Raja i Prvog kraljevstva neba. Čak i iste vrste životinja ili biljaka su mnogo lepše od onih u Prvom kraljevstvu neba. U slučaju životinja, fizička ljupkost je mnogo elegantnija i lepota je raskošnija, a boja perja i krzna je mnogo sjajnija. Isto je i sa mirisom i bojama cveća.

Drugo kraljevstvo neba je za one koji su praktikovali Reč Božju u delima, ali nisu potpuno ispunili posvećenost, naime za one koji su u trećem nivou vere. Oni su odbacili sve grehove ali nisu u potpunosti odbacili sve grehove počinjene u mislima i grehove srca.

Njima će biti data pojedinačna prizemna kuća, i oni će na kapiji imati pločicu sa imenom. Ove kuće su mnogo lepše i veće od bilo koje veće kuće na ovom svetu. Pored kuće obično je data i druga nagrada i to je kruna slave. Oni su dali slavu Bogu na ovom svetu do neke mere, i zato im Bog daje krunu slave (1. Petrova Poslanica 5:4).

Pored krune i kuće, oni koji idu u Drugo kraljevstvo neba mogu da imaju pojedinačno ono što su najviše želeli. Ako oni žele da imaju bazen za plivanje, oni mogu da imaju predivan bazen napravljen od prelepih dragih kamena. Ako žele jezero, oni mogu da ga imaju. Ako žele sobu za bal, mogu da je imaju. Ako vole da šetaju, oni mogu da imaju staze za šetnje koje imaju mnogo biljaka i cveća pored ivice i mnogo umiljatih životinja u okolini.

Pošto svako ima različiti ukus, postoje mnogo vrsta različitih objekata, tako da oni mogu da posećuju domove drugih i koriste druge objekte zajedno. Na Nebu svako služi svakoga i tako niko ne odbija nikoga ko dolazi kod njega/nje u posetu. Oni radije postaju još srećniji zato što mogu da podele ono što imaju.

Posetioci takođe ne traže za sebe neke ugodnosti tako da oni svoje posete obavljaju u granicama pristojnosti.

Oni koji su u Drugom kraljevstvu neba ne osećaju da im je žao ili zavide na onome što drugi ljudi imaju zato što oni imaju samo jedan objekat. Ali oni su radije zahvalni što im je Bog dao tako veliku nagradu što je mnogo više od onoga što su oni učinili na ovom svetu. Jedna stvar koja je u njihovim mislima je da oni nisu u potpunosti posvetili sebe tokom svog života na ovom svetu. Oni će biti toliko osramoćeni zbog činjenice da nisu potpuno odbacili zlo tako da oni ne mogu da podignu svoje lice ispred Boga.

Treće kraljevstvo neba

Razlika između Drugog kraljevstva neba i Trećeg kraljevstva neba je kao i razlika između nebesa i zemlje. Ova razlika proističe iz toga da li je ili nije pojedinac ispunio svoje posvećenje. Oni koji su u Trećem kraljevstvu neba su na četvrtom nivou vere. Oni su ispunili posvećenje tako da oni mogu da imaju sve vrste objekata koje žele kao njihovu nagradu. Oni mogu da imaju terene za golf, bazene, balske sobe, to jest, oni mogu da imaju sve što požele tako da ne moraju da koriste objekte u nečijoj drugoj kući.

Kuće imaju više spratova, i tako su velike i otmene da ni milijarderi na ovoj zemlji ne mogu da oponašaju takve kuće. Oni imaju široka baštenska polja sa mirisnim cvećem i drvećem koja su prelepo ukrašena. Ribe mnogo različitih vrsta i boja plivaju u jezerima koja zrače sjajnim prelepim svetlima. Naravno, ove kuće su manje od onih u Novom Jerusalimu što se tiče veličine, lepote i slave. Govoreći u smislu razmere, ako kažemo da dvorište najmanje kuće u Novom Jerusalimu je 100 jedinica, onda najveća kuća u Trećem kraljevstvu neba je samo 60 jedinica. Ovo nam govori da Bog je tako počastvovan onima koji ulaze u Novi Jerusalim.

Kuće u Trećem kraljevstvu neba odaju prelepu aromu i svetlost do te mere do koje vlasnik kuće liči na Boga. Zajednički faktor kuća zajedno i u Trećem kraljevstvu i u Novom Jerusalimu je taj da nemaju pločice sa natpisima. Kuće same odaju unikatan miris i svetlo poput aurore koja predstavlja vlasnika, tako da svako zna čija je kuća bez pločica sa natpisima. To je takođe i zato što pored svih vernika koji idu u nebesko kraljevstvo, ima relativno samo nekoliko njih koji idu u Treće kraljevstvo neba i Novi Jerusalim.

To nije samo u vezi sa kućama. Čak i isti zlatni putevi su mnogo sjajniji i dragoceniji od onih u Drugom kraljevstvu neba. Zato što oni mogu da imaju sve objekte koje žele, na Trećem kraljevstvu neba, takođe su dati i mnogi anđeli. Postoji mnogo anđela pomagača koji nadgledaju kuću i posetioce. Do Drugog kraljevstva neba ne postoje anđeli koji su dodeljeni svakom pojedincu kao lični pomoćnici ali u Trećem kraljevstvu neba i Novom Jerusalimu anđeli su tamo dodeljeni u svakom stanovniku. Oni takođe imaju tamo oblake automobile za javnu upotrebu i oni mogu da putuju beskrajnim nebeskim kraljevstvom kako požele.

Kruna života je data stanovnicima u Trećem kraljevstvu neba. To je osnovna nagrada data zato što su oni prošli test u davanju svog života za Gospoda (Jakovljeva Poslanica 1:12). Oni u Trećem kraljevstvu neba žive tako veličanstvenim životom u upoređenju sa onima iz Drugog kraljevstva neba. Ali čak i ovi ljudi imaju neko žaljenje kada vide Novi Jerusalim. Prema tome, veoma je važno da udovoljavamo Bogu time što ćemo biti odani u celoj Božjoj kući zajedno sa kultivisanjem svetosti u nama.

Novi Jerusalim, mesto boravka za osobe od potpunog duha

Apostol Jovan je govorio o slavi grada Novi Jerusalim u Otkrivenju Jovanovom 21:11: „*...I svetlost njegova beše kao dragi kamen, kao kamen jaspis svetli.*“

Sveti grad je okružen slavom Božjom. Svetlost koja izbija iz grada Novi Jerusalim je tako veličanstvena i lepa da mi nećemo moći da uzdržimo naše usklike ako ga vidimo. To je tako lepo i veličanstveno mesto, koje je van naših zamisli. Ono je dato onima koji su ispunili svetost potpuno; koji su bili odani u celoj Božjoj kući; i koji su pratili Njegovu volju sa razumevanjem dubine srca Božjeg. Naime, to je mesto boravka za one osobe potpunog duha koji su dostigle peti nivo vere.

Grad je okružen visokim zidovima koje odaju brilijantnu svetlost, i to je granica između Trećeg kraljevstva Neba i grada Novi Jerusalim. Razmere grada Novog Jerusalima su iste u širini, visini i dužini. Svaka od njih je 12000 stadija (Otkrivenje

Jovanovo 21:16). Stadija je mera udaljenosti, i 12000 stadija je oko 2400 km.

Ako vidite grad Novi Jerusalim horizontalno, to je onda dužina i širina, površina grada je 58 puta veća od površine Južne Koreje. Ali ovo računanje površine je samo dvodimenzionalno. Novi Jerusalim je takođe 2400 km visok. Prema tome, mi ne možemo u potpunosti da razumemo prostor u gradu Novi Jerusalim samo iz našeg shvatanja oblasti.

Svaka od četiri strane grada zidova ima tri biserne kapije, što u zbiru čini dvanaest kapija. Temelji zidova grada su dvanaest vrsti dragocenih kamenja. Svaku kapiju čuva po jedan anđeo a putevi su napravljeni od čistog zlata koji su poput kristalno-čistog stakla. Postoje takođe mnogo dragih kamenja kao dodatak na dvanaest kamena temeljca. Neki od njih su toliko veliki da ne možemo da zamislimo njihovu veličinu. Neki drugi odaju dvostruke i trostruke slojeve različitog svetla.

Unutrašnjost grada Novog Jerusalima može biti podeljena u oblast Oca Boga, oblast Gospoda i u oblast Svetog Duha. U oblast Oca su smeštene kuće praoca vere koji su bili aktivni u vremenu Starog Zaveta uključujući, ali ne ograničavajući se na Iliju, Evnoha, Mojsija i Avrama. Sa desne strane i ispod od prestola Božjeg je oblast Gospoda, gde je glavni dvor Gospoda gde je smešten zlatni krov. Okolo zamka ima mnogo drugih zgrada različitih boja i veličina. U najbližoj blizini nalaze se kuće Njegovih učenika, Petra, Jovana, Jakova a kasnije i kuće drugih učenika.

Sa leve strane i niže od prestola Božjeg je oblast Svetog

Duha, koji u suštini odaje mekani i nežan osećaj kao onaj poput majke. U ovoj oblasti su smeštene kuće onih koji su se istakli kao osobe potpunog duha tokom ere Svetog Duha. Neke od kuća su potpuno završene dok se druge ukrašavaju prelepim dragim kamenjem i skoro su završene. Za neke kuće, njihova zemlja se uvećava, zato što vlasnik kuće još uvek spašava mnoge duše na ovoj zemlji.

Kuće u Novom Jerusalimu su toliko velike i raskošne poput ogromnih zamkova. Njima će biti data zemlja do mere do koje su ispunili pokornost na ovom svetu i oni koji su u Novom Jerusalimu biće im dato veliko parče zemlje za njihove kuće zato što su se pokoravanjem kultivisali u velikoj meri. Svaka kuća imaće svoje objekte koje vlasnik želi, i jedan može lako da kaže koja je čija kuća zato što je izgrađena u skladu sa verom, nagradama i ukusom vlasnika. Svetlost Božje slave i drago kamenje koje ukrašava kuću govori nam do koje mere je vlasnik kultivisao svoju svetost i kako je on/ona udovoljavao Bogu. Njima su date velike nagrade do mere da su se odricali onoga što im se sviđali, ono što su hteli da urade i ono što su želeli da imaju za Gospoda.

Kruna od zlata i kruna pravednosti biti će u osnovi data onima koji idu u Novi Jerusalim. Kruna od zlata ima mnogo vrsta ukrasa i dragih kamenja. Otkrivenje Jovanovo 4:4 kaže: „*I oko prestola behu dvadeset i četiri prestola; i na prestolima videh dvadeset i četiri starešine gde sede, obučene u bele haljine, i imahu krune zlatne na glavama svojim.*“

Zlato zlatne krune je čisto zlato koje nema ni jedne strane supstance u sebi. Ono predstavlja istinsku veru koja se nikada ne menja. To je nagrada data za činjenicu da su dostigli meru vere koja udovoljava Bogu.

Kruna pravednosti je data onima koji su kultivisali čisto srce koje je nevino i sveto i koji su bili verni kraljevstvu Božjem (1. Timoteju Poslanica 4:7-8). Pored kruna od zlata i pravednosti, druge vrste kruna će biti date onima koji takođe odu u Novi Jerusalim. Za svaku priliku u kojoj su mnogo davali slavu Bogu na ovoj zemlji, kruna će biti nagrada.

Pored ovoga, postoji mnogo stvari koje je Bog pripremio za nas u Novom Jerusalimu. O ovome, Otkrivenje Jovanovo 21:2 kaže: „*I ja videh grad sveti, Jerusalim nov, gde silazi od Boga s neba, pripravljen kao nevesta ukrašena mužu svom.*" Baš kao što mlade ukrašavaju sebe na najlepši način na dan venčanja, Bog je pripremio grad Novi Jerusalim kao najlepši, najkomforniji, najudobniji i najsrećniji prostor među svim nebeskim mestima boravka.

Razne boje koje izbijaju iz prelepih dragih kamenja svake kuće će napraviti savršenu harmoniju boja. Neke kuće imaju velika jezera, velike šume, široke livade, ukrašene bašte, objekte za rekreaciju, brojne ptice i prelepe životinje. Sam ulazak u Novi Jerusalim će dirnuti srce ljudi. Oni će uživati u radosti zauvek u slavi i emocijama koje ne mogu biti adekvatno opisane.

Ne postoji mnogo njih koji su ušli u Novi Jerusalim još od početka ljudske kultivacije. Bog želi da svako stane napred kao

Njegovo istinsko dete i da uđe u Novi Jerusalim, ali postoji mnogo ljudi koji su samo jedva spašeni. Oni su uvek zahvalni samo zbog činjenice da oni nisu pali u Pakao i umesto toga oni mogu da uživaju u iskrenom odmoru u Raju.

Radost koja se oseća u Raju ne može biti čak ni uporediva sa onim osećajem u Novom Jerusalimu. To se takođe mnogo razlikuje od sreće u Prvom kraljevstvu Neba. Postoje mnogo razlika u okruženju i drugim uslovima svakog nebeskog mesta boravka u skladu sa pravdom Božjom i ovo je u stvari Božja ljubav i obzir prema nama. On je dozvolio onima koji imaju slični nivo duha da žive zajedno tako da ni osete neverovatno veliku slobodu i sreću u svakom mestu boravka. Na ovaj način, ljudi žive u svojim prigodnim mestima boravka, i zbog ove vrste života oni imaju duhovno telo koji je najprikladnije za duhovni prostor.

Poglavlje 2

Duh, duša i telo u duhovnom prostoru

Božji dar biće dat u različitoj meri
u skladu sa stepenom do koga smo mi kultivisali duh,
dušu i telo koje pripadaju duhu dok smo živeli u ovom fizičkom prostoru.
On nam daje slavu u kojoj uživamo
na našim nebeskim mestima boravka takođe i odeću,
krune i druge ukrase u skladu sa onim šta smo učinili.

1. Duhovni oblik

2. Duša i telo pripadaju duhu

3. Božji poklon

U filmovima ili TV dramama mi ponekad vidimo da duh, koji izgleda potpuno isto kao osoba, izlazi iz tela. Duh koji izlazi iz tela gleda telo kako leži dole i čudi se sa iznenađenjem: „Zašto osoba kao ja leži tamo dole?“ Da li je ovo vrsta stvari kao fikcija koja postoji samo u filmovima i TV dramama? Biblija piše o postojanju duhovnog kraljevstva i našeg duha.

Kako bi mi živeli u večnom kraljevstvu neba kasnije, mi moramo da imamo duh, dušu i telo koje pripada duhovnom prostoru. Svi ljudi su rođeni sa duhom koji je mrtav zbog Adamovog greha. Kao rezultat, oni žive prateći svoju požudu. Ali jednom kada oni prihvate Isusa Hrista i prime Svetog Duha, njihov mrtvi duh može biti oživljen, i oni mogu da postanu istinska deca Božja koji žude za duhovnim kraljevstvom.

Bog je stvorio ljudsko biće i kultivisao je ljudstvo baš kao što i seljak seje seme na polju i kultiviše njega. Samo onda kada razumemo Njegovo proviđenje možemo da oživimo naš mrtvi duh i učinimo da naš duh, dušu i telo pripadaju duhu. Mi možemo da uživamo u večnom kraljevstvu neba i imamo potpuno nebesko telo samo kada imamo duh, dušu i telo koji su pogodni za život u Trećem nebu, što je prostor svetlosti.

Kako ćemo mi da izgledamo u ovom prostoru svetlosti? Na ovom svetu mi imamo duh, dušu i telo koji su pogodni za život u fizičkom prostoru. Ali jednom kada odemo u duhovni prostor, mi moramo da imamo duh, dušu i telo koji su pogodni za život u tom prostoru.

1. Duhovni oblik

Duhovni oblik je izgled duha. Takođe se na duhovni oblik može gledati kao na sud koji sadrži duh. Svaka osoba koja je spašena ima oblik koji pripada nebu i slava svakog ponaosob je različita. Svetlost duhovnog tela je različita po tome kolika je mera svetosti svakog pojedinca. Mi moramo da vaskrsnemo telo i usavršimo nebesko telo nakon toga.

Oblik je izgled građe. Kad mi vidimo orla koji leti na nebu mi možemo da kažemo da je to orao po njegovom jedinstvenom izgledu. Lavovi imaju izgled lava a orlovi izgled orla i tako ih mi razlikujemo jedne od drugih.

Fizičko telo je fizički izgled koji mi možemo opaziti svojim očima. Što se ljudi tiče, mi imamo izgled koji pripada ovoj zemlji što je naše fizičko telo ali mi takođe možemo da imamo duhovni oblik koji pripada nebu.

1. Korinćanima Poslanica 15:38-40 kaže: „*A Bog mu daje telo kako hoće, i svakom semenu svoje telo. Nije svako telo jedno telo, nego je drugo telo čovečije, a drugo skotsko, a drugo riblje, a drugo ptičije. I imaju telesa nebeska i telesa zemaljska: ali je druga slava nebeskim, a druga zemaljskim.*" Baš kao što mi imamo vidljiv oblik što je naše fizičko telo i duh takođe ima oblik. Mi možemo reći da je duhovni oblik sud (posuda) koji sadrži sam duh. Što se tiče ljudi kada se naši životi završe sadržina duše ne nestaje nego je sadržana u duhovnom telu. Svetla duhovnog tela su različita u skladu sa time do koje mere je jedinka praktikovala istinu na ovom svetu. Duhovno

telo svake osobe je drukčije što znači da se jedno telo razlikuje od drugog. Videvši svetlo duhovnog tela mi možemo da zaključimo koje će nebesko mesto boravka svaka osoba naslediti ako ga Bog sada odmah pozove.

Duhovni oblik nije nejasna figura. On je vidljivo čvrst. Iako izgleda da ima težinu ustvari nema. A opet iako se čini da nema težinu ustvari ima. To je kao kada se podigne fini toaletni papir. Ne oseća se da ima ikakvu težinu ali ustvari postoji težina. Ali to ne znači da je duh tako slab da može vetar da ga ljulja. Toliko je lagan da ne može da se izmeri ali je stabilan.

Duhovni oblik Adama

Adam je prvi čovek koga je Bog napravio. Bog je precizno napravio njegovu meso, kosti i kompletni oblik čoveka i on je postao živo biće naime živi duh onda kada je Bog udahnuo kroz njegove nozdrve dah života. Adamovo srce je počelo da kuca, njegova krv da kruži a njegovi organi i ćelije da funkcionišu. On je bio divno biće koje je imalo meso i kosti koje nikad nisu starili i nikada ne bi nestali. Šta više kada je Bog udahnuo u njega dah života Adamov duh je počeo da poprima potpuno isti oblik kao njegovo fizičko telo. Baš kao što je Adamovo telo imalo oblik, njegov duh je takođe dobio formu koja je izgledala potpuno isto kao i njegovo telo. Adamov duh koji je mogao da komunicira sa Bogom i njegova duša koja je mogla da pomogne duhu bile su sadržina Adamovog tela.

Adam je mogao da održi Reč Božju i da komunicira sa Bogom

zato što su se njegova duša i telo pokorile njegovom duhu. Kada je on bio stvoren, njegov duh koji je bio sačinjen u duhovnom telu bio je kao prazan list papira. Prema tome, Bog ga je poveo u Edenski vrt i naučio ga je znanju duha. A Bog je rekao Adamu: *„Ali s drveta od znanja dobra i zla, s njega ne jedi, jer u koji dan okusiš s njega, ti ćeš sigurno umreti"* (Postanak 2:17).

Nakon što je proveo mnogo vremena u Edenskom vrtu, Adam je jeo zabranjeno voće koje mu je Eva dala, koje je ona jela kada je bila zavedena od Sotone. Kao rezultat, baš kao što je Bog izgovorio reči:: „Ti ćeš uistinu umreti," Adamov duh je umro. Time je njegova komunikacija sa Bogom prekinuta.

Naravno, Adamov duh potiče od Boga, tako da on nikada ne može biti potpuno ugašen. Dah života koji je Bog udahnuo u Adamove nozdrve ima osobinu neiščeznuća. To jest, ono ima osobinu da „nikada ne iščezne."

Ovde, kada kažemo da je njegov duh umro to znači da je njegova komunikacija sa Bogom prekinuta i njena aktivnost je došla do zastoja. Pošto njegov duh više nije bio aktivan, duša je preuzela mesto vladara čoveka i vladala je nad telom. Od Adamove propasti, znanje duha koje je držalo živim Adamov duh počelo je da curi. Onda, telesni atributi koji pripadaju tami počeli su da izlaze u duhovnom obliku. Od ovog momenta pa na dalje, Adamovo telo je bilo pod kontrolom fizičkih naređenja. On je postao biće koje je moralo da se menja, stari i na kraju da se suoči sa smrću.

Duhovni oblik osobe u trenutku smrti

Što se tiče ljudi, nakon što njihova fizička tela umru, njihov duh i duša biće sadržani u duhovnom obliku i oni će postojati zauvek. Duša ne iščezava čak i nakon fizičke smrti zato što je kombinovana sa duhom i ima delovanja duše. Čak i kada je telo mrtvo i kada se zaustavi funkcija mozga, znanje koje je bilo sadržina mozga će ostati u duhovnom obliku. Misli i osećanja takođe ostaju. Ovaj kombinovani duh i duša su poznati kao „duh-duša," ali u većini slučajeva mi ih jednostavno nazivamo „duh."

Sa jedne strane ako jedan prihvati Isusa Hrista, živi po Reči Božjoj i dostigao je pravo da uđe u prostor svetlosti, njegov duhovni oblik će sijati. Sa druge strane, ako je nečiji duh mrtav zbog toga što nema zajednicu sa Bogom koji je Svetlost već živi u grehovima i zlu koja je uprljana svetom, njegov duhovni oblik će imati samo tamu.

Izgled onih koji su spašeni i onih koji nisu biće potpuno suprotan u momentu njihove smrti. Oni koji nisu spašeni obično umiru u strahu sa otvorenim očima dok oni koji su spašeni umiru u miru zatvorenih očiju. Oni dolaze do znanja da Raj postoji i da postoji Pakao u momentu kada njihov duh izlazi iz njihovog tela.

Neki od onih koji nisu spašeni vide glasnike pakla koji ih čekaju. Glasnici pakla su ispunjeni tamom od glave do pete. Oni su u crnoj odeći. Oni imaju bleda lica, tamno crvene usne i veoma tamnu energiju ispod očiju. Koliko će se osoba kompletno ispuniti strahom kada glasnik pakla sa takvom grotesknom pojavom prilazi! U tom momentu on će zasigurno znati da zaista postoji Nebo i Pakao i on umire u strahu. Ali je prekasno za njega. Žaljenje za svoju prošlost mu neće pomoći. On ne može da izbegne da bude odvučen u Pakao.

Ali oni koji održavaju svoju veru i vode dobar život kao hrišćanin ne moraju da se plaše ničega. Oni vide dva anđela u beloj odeći koji ih čekaju pre njihove smrti,tako da je njihovo lice rumeno i oni su spokojni. U trenutku kada se njihov duh odvaja od njihovih tela, oni osećaju veliku i neopisivu sreću i radost.

Postojala je vernica koja je preminula nakon što je vodila život u veri u našoj crkvi neko vreme. Ona je bila stvarno dobrog srca i tako nežna da nikada nije imala problema ili rasprave sa nikim. Ona je imala mir sa svakim i izgovarala je samo reči dobrote, ljubavi, istine i nežnosti. Ona je žarko volela Boga i njen prvi prioritet su uvek bila Božja dela. Ona nije štedela svoj život kada je bio za kraljevstvo Božje. Ja sam mogao da vidim tako sjajnu svetlost kako izlazi iz nje na njenoj sahrani. Kada sam video visoke činove anđela koji su došli da uzmu njen duh, mogao sam da zamislim u kakvo nebesko mesto boravka će ona ući.

Duhovni oblik spašenih

Kada osoba koja je spašena umre na ovoj zemlji, njegov duh izlazi iz njegovog tela. Sada, postoje dva anđela koja sprovode njegov duh i vode ga do Nebeske čekaonice. Pre vaskrsenja Gospoda, Viši grob je bio čekaonica na Nebu. Ali posle Njegovog vaskrsenja, to je promenjeno. Duše (duh-duša) ostaju u drugoj čekaonici na ivici Raja. One duše koje su spašene za vreme Starog

Zaveta su takođe premeštene u ovu čekaonicu.

U vreme Novog Zaveta, za one koji su spašeni kada njihov duh napusti njihovo telo oni prvo idu u Viši grob. Oni tamo ostaju tri dana da bi sebe prilagodili duhovnom kraljevstvu i dobijaju obrazovanje i znanje potrebno za duhovno kraljevstvo. Posle toga oni se premeštaju u čekaonicu koja je na ivici Raja. Proces ljudske kultivacije će doći do samog kraja na drugi dolazak Gospoda u vazduhu. Posle toga sledi Milenijumsko kraljevstvo, i kada se i to takođe završi, nastaće Sud velikog belog prestola. Kroz Sud, Bog će svakoj osobi dati nebesko mesto boravka i nagrade u skladu sa njegovim/njenim delima.

Sada, za one koji su spašeni, kakav izgled njihov duhovni oblik ima? Ako mi znamo o duhovnom obliku, mi lakše možemo da razumemo vaskrsenje i ushićenje. Ako jedinka umre u detinjstvu, njegov duhovni oblik takođe ima izgled deteta. Ako umre kao mladić, njegov duhovni oblik ima izgled mladića. Ako neko umre kao starija osoba, njegov duhovni oblik će takođe izgledati staro. Ali duhovni oblici nemaju nimalo bradu, invaliditet, ožiljke ili bore. Čak iako neko umre zbog bolesti, njegov duhovni oblik će ipak biti zdrav i lep. Duhovni oblici starijih ljudi će biti slični izgledu fizičkog tela u vreme smrti. Uprkos tome, oni ne izgledaju bolesno već imaju izgled zdravog i energičnog tela.

Oni svi nose belu odeću i duhovni oblici sami odaju svetlost. Jačina svetlosti se razlikuje od osobe do osobe. Što je više neko svetosti postigao, sjajnija i lepša je svetlost. Prema sjaju svetlosti, nebeska mesta boravka i nagrade će se takođe razlikovati. Za žene, dužina njihove kose će se takođe razlikovati u skladu sa merom svetosti koju su kultivisale. 1. Korinćanima Poslanica 11:15 kaže: *„...a ženi je slava ako gaji dugačku kosu? Jer joj je kosa dana mesto pokrivala.“*

Za one žene koje idu u Raj, Prvo kraljevstvo Neba, ili Drugo kraljevstvo Neba, njihova će kosa ići do nivoa ramena. Za one koji idu u Treće kraljevstvo neba, dolazi do dužine polovine leđa, a za one koje idu u Novi Jerusalim dolazi do struka. Ali za muškarce, dužina kose je ista, koja dolazi do potiljka. Kosa na Nebu je lepršavo plava za oba i muškarce i žene.

Duhovni oblik u čekaonici na Nebu nije još potpun i savršen. Oni još uvek čekaju drugi dolazak Gospoda u vazduhu, što je njihovo vreme vaskrsenja. Oni mogu da imaju vaskrsnuto telo samo kada se Gospod ponovo pojavi u vazduhu.

Vaskrslo telo

Kada se Gospod vrati u vazduhu, one duše koje su u čekaonici na Nebu biće kombinovane sa fizičkim telom koje je vaskrslo iz svojih grobova. Zbog ovoga Biblija govori da oni koji su umrli u verovanju nisu mrtvi već su uspavani. Njihova tela koja su umrla i zakopana su biće vaskrsnuta i uhvaćena u vazduhu, i ujediniće se sa svojim dotičnim duhom-dušom. Mi ovo ujedinjenje tela zovemo: „vaskrslo telo.“

Ako se telo pretvorilo u šaku prašine u grobu posle dužeg vremena, ili ako je bilo kremirano, kako ono može da vaskrsne ili da se kombinuje sa duhom? Iako je nevidljivo za naše oči, elementi koji sačinjavaju telo i dalje postoje na ovoj zemlji. Na dolazak Gospoda, svi ovi elementi će se sakupiti zajedno i vaskrsnuće uz pomoć moći Božje. Ovo telo će se sastati sa duhom-dušom i postaće potpuno telo od duha, duše i tela.

Sledeće, oni koji u životu dobili Gospoda takođe će se promeniti u duhovno telo i biće uhvaćeni u vazduhu. Ovo je nazvano: „ushićenje". Ono može biti uporedivo sa ogromnim magnetom koji privlači prašinu u vazduhu.

U 1 Poslanici Solunjanima 4:16-17 kaže se: *„Jer će sam Gospod sa zapovešću, sa glasom Arhanđelovim, i s trubom Božjom sići s neba; i mrtvi u Hristu vaskrsnuće najpre. A potom mi živi koji smo ostali, zajedno s njima bićemo uzeti u oblake na susret Gospodu na nebo, i tako ćemo svagda s Gospodom biti."*

1 Korinćanima Poslanica 15:51-53 kaže: *„Evo vam kazujem tajnu: jer svi nećemo pomreti, a svi ćemo se pretvoriti, ujedanput, u trenuću oka u poslednjoj trubi; jer će zatrubiti i mrtvi će ustati neraspadljivi, i mi ćemo se pretvoriti. Jer ovo raspadljivo treba da se obuče u neraspadljivost, i ovo smrtno da se obuče u besmrtnost."*

Ove spašene duše srešće Gospoda u vazduhu i imaće svadbeni banket sedam godina. Ovde: „u vazduhu," se odnosi na poseban prostor pripremljen sa jedne strane Edena u drugom nebu. Eden je široki prostor koji uključuje Edenski vrt. Sedmogodišnji svadbeni banket je vreme gde će se spašene duše osećati ugodno i uživaće u njemu. To je da bi se proslavili uloženi napori tokom vremena ljudske kultivacije na ovoj zemlji. To je takođe vreme da se oda zahvalnost Bogu dok se prisećaju svojih života na zemlji.

Kada se oni promene u vaskrslo telo, oni će moći da vide stepen posvećenja koji su dostigli u kultivisanju srca Gospoda. Oni će takođe imati nejasno razumevanje za sve vrste nagrada i slave koju će dobiti kasnije u Konačnom Sudu. Oni će imati Sedmogodišnji svadbeni banket u vazduhu u vaskrslom telu, i na kraju će doći dole na zemlju da prožive hiljadu godina.

Pa onda, kako se vaskrslo telo razlikuje od duhovnog oblika? Vaskrslo telo i duhovni oblik u svakom smislu duhovnog prostora se razlikuju. Sama duhovna forma ne može da bude potpuno telo u duhovnom prostoru. Mi možemo da kažemo da neko ima osnovni oblik da živi u duhovnom prostoru kada ima vaskrslo telo. Duhovni oblik ima izgled osobe za vreme njegove smrti, a vaskrslo telo biće staro trideset tri godine za svakoga.

Isus je završio Njegov zemaljski život u godini trideset i trećoj. Godina trideset i treća je vrhunac nečijeg života baš kao što je i sunce najsjajnije u podne. Oni će biti dovoljno zreli a ipak ne dovoljno stari da imaju veliku energiju i živahnost. Oni su stekli zrelost lepote nakon što su prešli svoju 20. godinu. U upoređenju sa cvećem, to je slično vremenu punog cvata.

Iz ovog razloga Bog daje Njegovoj deci duhovna tela sa izgledom trideset i treće godine. Visina čoveka biće oko 190 cm, a za žene biće oko 170 cm. Niko neće biti mnogo debeo ili mnogo mršav; svako će imati najlepši izgled.

Vaskrslo telo je opipljivo. Ono fizički može da se oseti sa rukama pošto je to telo sa duhom i dušom kombinovano sa vaskrslim fizičkim telom. Isus Hrist je jedan koji nam je pokazao ovo vaskrslo telo. Vaskrslo telo Gospoda se pojavilo ispred Njegovih učenika i rekao je: „*Vidite ruke moje i noge moje: ja sam glavom; opipajte me i vidite; jer duh tela i kostiju nema kao što vidite da ja imam*" (Jevanđelje po Luki 24:39). Kao što je On rekao, vaskrslo telo ima kožu i kosti.

Vaskrslo telo je takođe i večno telo koje nije vezano za fizička ograničenja ovog sveta. Vaskrsao Gospod se pojavio učenicima kroz zidove kao što je zapisano u Jevanđelju po Jovanu 20:19-26. U Jevanđelju po Jovanu 20:22, kaže se da je Isus „disao nad njima." Vaskrslo telo može da diše takođe i da jede i pije. Konzumirana hrana biće rastvorena i izdahnuta napolje. Koliko neverovatno je da konzumirana hrana zajedno sa dahom odaje predivnu aromu i onda nestaje u vazduhu!

U Jevanđelju po Luki 24:41-43 zapisano je: „*A dok oni još ne verovahu od radosti i čuđahu se reče im: Imate li ovde šta za jelo? A oni Mu daše komad ribe pečene, i meda u saću; i uzevši izjede pred njima.*" Gospod je jeo ispred Njegovih učenika da im pokaže da imaju veru vaskrsenja i da im stavi do znanja o vaskrslom telu. To je takođe bilo da oni znaju činjenicu da duhovno telo može takođe da jede. Marija Magdalena i učenici nisu odmah prepoznali vaskrslo telo Isusa. To je bilo zbog svetlosti koje je izlazilo iz vaskrslog tela. Vaskrslo telo nema nimalo ožiljaka, ali zbog sumnje Tomove, Isus mu je pokazao Njegove ruke. Isus je dozvolio Tomi da vidi ožiljke ali samo na momenat kako bi on mogao da stekne veru.

Savršeno nebesko telo

Objašnjeno je da oni koji imaju vaskrslo telo biće uhvaćeni u vazduhu za Sedmogodišnji svadbeni banket. Posle toga, u tom istom telu, oni će doći dole na zemlju tokom Milenijumskog kraljevstva. Kada se to završi, oni će naslediti svoja određena mesta boravka kroz Sud velikog belog prestola. Kada se ovo dogodi, oni će biti pretvoreni u savršena nebeska tela, što može da se smatra kao duhovno telo na većem nivou nego kao vaskrslo telo. Sada, zašto nam Bog daje ovu privremenu fazu? Zašto mi dobijamo vaskrslo telo a ne savršeno nebesko telo od samog početka?

To je uglavnom zbog toga zato što će Treće nebo i mesto za Sedmogodišnji svadbeni banket na Drugom nebu imati mnogo razlika uključujući gustinu duha i tok vremena. Iz ovog razloga Bog nam daje telo koje je najprikladnije za svaki prostor. Zajednički faktor za duhovni oblik, vaskrslo telo, i savršeno nebesko telo je da svi pokazuju različitu lepotu mirisa kao svetlost u skladu sa merom do koje je neko ispunio svoju svetost. Pored odavanja različite svetlosti do mere svetosti svakog pojedinca, savršeno nebesko telo takođe pokazuje slavu svakog pojedinca koju je dobio od Boga. Ovo je najveća razlika između vaskrslog tela i savršenog nebeskog tela.

Kada se ljudska kultivacija završi, nivo svakog pojedinca u posvećenju biće završen, i vredne nagrade biće u skladu sa time. Prema tome, jedan može da razazna razliku u slavi i nagradama kada vidi duhovnu svetlost svake osobe. Ali naravno sve ove stvari će biti jasno otkrivene samo posle Suda velikog belog prestola. Jedan će imati savršeno nebesko telo samo kada Bog zvanično prepozna i objavi slavu i nagrade date svakoj osobi.

Svetlo slave

Blistavost aurore poput svetla duhovnog oblika je različita u skladu sa nivoom svetosti svake osobe koju je stekao na ovoj zemlji. Iz ovog razloga blistavost je nazvana „svetlom slave." Što je više neko stekao svetost i sličnost Gospodu, jasnija i sjajnija svetlost će biti. Mi ćemo takođe moći da kažemo i rang u duhovnom poredku samo kada vidimo sjaj svetlosti. Posebno, oni koji su u Drugom kraljevstvu Neba i oni koji su u Trećem kraljevstvu Neba imaće mnogo različit izgled. To je zbog svetla slave, odeće koju nose, modela i ukrasa na njihovoj odeći, i njihove frizure će se razlikovati.

Otkrivenje Jovanovo 19:8 kaže: *„I dano joj bi da se obuče u svilu čistu i belu: jer je svila pravda svetih.* " Kao što je rečeno, i muškarci i žene nose čistu belu svilu na Nebu.

Odeća je mekana poput pamuka i leprša zbog njihove svetlosti. Tamo nema prašine i ljudi se ne znoje, tako da njihova se odeća ne prlja čak iako je nose dugo vremena. Postoji mnogo vrsta ukrasa i dekoracija, što ih čini još više raskošnijim i lepšim u upoređenju sa bilo kojom haljinom na ovoj zemlji. Pored toga, dugine boje i druge razne boje svetlosti izlaze iz njihove odeće.

Postoji odeća za svakodnevnu upotrebu, odeća za zabavu, odeća za službe, sportska odeća, i čak i odeća za igranje različitih igara. Oni mogu da imaju prikladan model u skladu sa bilo kojom vrstom događaja. Na Nebu, ljudi dobijaju nagrade u skladu sa svojim delima na ovoj zemlji. Tako da, svako dobija različitu vrstu i broj odeće. Neki od njih imaju samo nekoliko dok drugi imaju veliki broj različite vrste odeće. Naravno, prepoznati slavu nije samo u odeći. Mi takođe možemo da prepoznamo slavu svakoga i nagrade kroz njihove krune na njihovim glavama i drugim ukrasima.

Broj, vrsta, svetlost i raskoš krune će biti data u skladu sa merom do koje su kultivisali svetost i radili odano za kraljevstvo Božje sa verom. Gustina plan, jasna blistavost boja su različita na svakom nebeskom mestu boravka. Ali čak i odeća u najnižem nivou mesta boravka na Nebu biće mnogo više raskošnija, lepša i čistija od bilo koje odeće na ovoj zemlji. Savršeno nebesko telo samo je prelepo da mu neće biti potrebna ni jedna vrsta dekoracije i ornamenata, ali Bog daje odeću, krune i druge detalje u skladu sa delima svakog pojedinca.

2. Duša i telo pripadaju duhu

Spašena deca Božja će živeti na nebu u savršenom nebeskom telu posle Suda Velikog Belog Prestola. Savršena nebeska tela imaju dušu koja se povinovala duhu i duhovno telo koje ne proizvodi nikakav otpad od tela.

Zašto je važno da razumemo duh, dušu i telo? To je zato što moramo da povratimo duh dušu i telo koji su bili promenjeni za vreme greha Adama. Ovo je takođe razlog zašto Bog kultiviše ljudska bića na ovoj zemlji. Kada mi prihvatimo Isusa Hrista i primimo Sveti Duh, naš mrtvi duh je oživljen, i onda mi moramo da povratimo naš duh. Do mere da smo povratili naš duh, mi ćemo imati dušu i telo koje pripadaju duhu. Mi onda možemo da budemo ljudi koji pripadaju duhu.

Kada jedan ima dušu koja pripada duhu, za ovo možemo da kažemo da je to mera kada „duša napreduje." To je zapisano u 3. Jovanovoj Poslanici 1:2 koja kaže: „*Ljubazni! Molim se Bogu da ti u svemu bude dobro, i da budeš zdrav, kao što je tvojoj duši dobro.*"

Jednom kada nečija duša napreduje, osoba može da odbaci misli koje pripadaju mesu. Ako oni žele da prestanu da misle na nešto, to može odmah biti učinjeno. Osoba može da prestane da miriše i čuje određene stvari. Osećaj bola može da se oseti ili ne kako neko želi. Pošto misli i osećanja mogu da se kontrolišu, postoji uvek ispunjenost u sreći i zahvalnosti (Rimljanima Poslanica 8:6). Takva osoba je zdrava i sve stvari idu dobro po njega. Bolesti ne mogu da ga napadnu zato što on takođe može da kontroliše svoje telo. Čak ako i dobije neku bolest zbog njegove greške, on to odmah može da prevaziđe sa verom.

Duša koja pripada duhu

Adam, prvi čovek koga je Bog stvorio, bio je živi duh, i imao je duh, dušu i telo koji su pripadali duhu. Njegov duh je bio njegov gospodar. Ono je kontrolisalo njegovu dušu i telo u istini. Ali od vremena kada je zgrešio njegov duh je umro, njegov duh, duša i telo su počeli da pripadaju mesu. Kada je čovek bio živi duh, on je bio snadbeven samo sa istinom od Boga, i zato je imao delovanje duše koje je pripadalo samo duhu. Ali Sotona je počeo da kontroliše dušu čoveka pošto je čovečiji duh umro. Sa mrtvim duhom čovek više nije mogao da ima delovanje duše koje pripada duhu.

Međutim, nakon što osoba prihvati Isusa Hrista, on može da povrati delovanje duha do mere gde rađa duh kroz Sveti Duh i povinuje se Reči Božjoj. Njegovo pogrešno znanje i teorije i njegove misli koje ne udovoljavaju iz Božjeg pogleda biće promenjene u istinu. To je zapisano u 2 Korinćanima 10:5: „*I svaku visinu koja se podiže na poznanje Božije, i robimo svaki razum za pokornost Hristu.*"

Ljudi prirodno dobijaju dela Sotone do mere da oni imaju dušu koja pripada mesu. Čak iako pokušaju da imaju delovanja duše koja pripadaju duhu oni to ne mogu da urade kao što žele. Prema tome, oni moraju da nastave u pokušajima da promene njihovo delovanje duše u ono koje pripada istini proveravajući svoje misli, reči i dela sve vreme. Kako oni stalno pokušavaju u svojim revnosnim molitvama, oni će moći da sakupe delovanje duše koje pripada duhu kroz milost i moć Božju i pomoć Svetog Duha.

Duša koja pripada duhu povinuje se duhu, zato što duh, koji je pravi gospodar čoveka, izvodi ulogu gospodara. Onda, ova osoba će imati samo misli dobrote, ljubavi i istine zato što ima samo delovanja duše koja pripada duhu. Na primer, čak iako se drugi ponašaju grubo ili čine neko zlo njima, osoba koja ima dušu koja pripada duhu neće se osetiti povređeno. On će želeti mir i razumevanje za druge bez ikakve vrste sukoba u sebi. Radije nego da ima ljutita osećanja, on gaji simpatije prema drugima zato što se zlobno ophode prema njemu.

Naravno, čak i za one ljude čija duša napreduje, oni ipak imaju neistinu koja je stavljena u njihovu memoriju. Ali, čak iako je pamćenje tamo, Sotona ne može da radi na njoj kada je jednom odbačena neistina iz srca. Prirodno, oni imaju samo delovanje duše koje pripada duhu. Oni prate vođstvo Svetog Duha, tako da oni ne vide stvari koje ne treba da vide. Oni ne šire osude i odluke, i oni žive u skladu sa istinom.

Ako oni nastave da imaju delovanje duše koja pripada duhu, delovanje duše koja pripada mesu samo će potpuno nestati. Oni će početi da mrze kada vide, čuju, ili govore sve što je neistina. To znači da je sud njihovih srca ispunjen sa istinom. Zato što je neistina potpuno izbačena iz njihovih srca, neistina će takođe nestati i iz njihovih misli. Na ovaj način, ako mi ispunimo naše srce sa istinom i ispunimo ga u potpunosti, i ćemo imati dušu koja pripada samo istini.

Duša sve poznaje ali misli samo istinito

Kada mi idemo na Nebo kasnije, to nije da samo naš duh ide na Nebo. Naša duša će takođe biti usklađena u duhovnom obliku. Ova duša je duša koja pripada duhu, odnosno istini. Samo deo naše duše iz koga je neistina bila izbačena i bila je kultivisana sa istinom će se sjediniti sa duhom. Da li ovo znači da mi nećemo znati ništa o neistini kada smo na Nebu? Ne, ne znači. Mi ćemo znati o neistini i u još više detalja nego što sada znamo.

1 Korinćanima Poslanica 13.12 kaže: „*Tako sad vidimo kao kroz staklo, u zagonetki, a onda ćemo licem k licu; sad poznajem nešto, a onda ću poznati kao što sam poznat.*" Ogledala korišćena pre oko 2000 godina su bila polirana parčad srebra, bronze i ona su bila mutna u upoređenju sa modernim ogledalima. Oni su mogli da vide opšte figure stvari, ali stvari nisu bile jasne u ogledalu. Ali današnja ogledala su mnogo jasnija. Isto je i na Nebu. Mi ćemo sve znati jasno i precizno, čak i stvari za koje nismo znali na ovom svetu.

Sve dok imamo duše koje pripadaju duhu, čak iako mi mislimo o nekim stvarima koje su nam donele sramotu i poniženje na ovom svetu, mi nećemo imati ni malo neistinog razmišljanja ili loša osećanja prema tome. Mi ćemo imati samo misli duha i misli istine u blagosti, miru i milosti.

Razumeti srce jedni drugima u duhu

Srca drugih ljudi mogu se osetiti i uočiti na Nebu, i mi ćemo moći da razumemo i osetimo osećanja drugih. Oni nemaju nimalo zla u svojim srcima, i prema tome, ne postoji nerazumevanje i nema predrasuda ili osuđivanja. Posebno u Novom Jerusalimu, oni razumeju srca drugih potpuno u duhu. Svaka reč koju izgovore sadrži uvažavanje, ljubav i uslugu i time dodiruje srca drugih. Oni razumeju srce Boga Oca i Gospoda kao i srca drugih ljudi, tako da će razumeti koju vrstu misli i osećanja je Bog imao dok su oni prolazili kroz ljudsku kultivaciju na Zemlji; oni će takođe razumeti koju vrstu osećanja je Gospod imao kada je On nosio krst.

Jednom kroz inspiraciju, Bog mi je dao da osetim srce Mojsija. Ja sam sreo Mojsija koji je stajao u tako sjajnoj svetlosti, i on je bio ispunjen aromom dobrote. Kada me je uhvatio za ruke, Božja ljubav mi je bila prenešena. Kada je on otvorio usta da progovori, on je imao samopouzdanje i dostojanstvo koje je imao kada je prenosio Reč Božju sinovima Izraela u pustinji.

Mojsije mi je dozvolio da znam stvari iz njegovog detinjstva u palati Egipta. On mi je dozvolio da saznam kako je on naučio o Svemogućem Bogu i da je bio Jevrejin kroz njegovu dadilju koja mu je ustvari bila majka. On mi je dozvolio da znam o slučajevima u kojima su sinovi izraela služili idolima u pustinji i koju vrstu osećanja i emocija je imao on kao vođa Izlaska. Mojsije je imao suze koje su izlivale dok se sećao ovih momenata.

Kada neko proliva suze dok se seća stvari koje su se desile na ovoj zemlji, te suze će se uskoro pretvoriti u prelepu svetlost. Oni koji slušaju šta je rečeno će takođe osetiti dobrotu i ljubav za duše koje će dirnuti srce.

Oni će opet ponovo biti zahvalni za ljubav Božju koji im je dao radost na Nebu i daće slavu Njemu iz njihovih srca. Oni vole Boga svom svojim srcem, mislima, i dušom i njihova ljubav i zahvalnost nikada se ne menja. Oni duboko razumeju proviđenje Božje koje je da On želi da okupi istinsku decu da podeli sa njima Njegovu ljubav, čak iako to znači da je On morao da prođe kroz mnoge bolne stvari u procesu ljudske kultivacije. Zbog ovoga oni će biti zahvalni zauvek iz dubine njihovih srca.

Telo koje pripada duhu

Kao živi duh, Adam nije bio savršen, duh ne zna da meso nije savršeno. Na isti način, meso koje ne zna za duh nema ni malo vrednosti. Svi oni koji nisu prihvatili Isusa Hrista kao svog ličnog spasitelja su svi ljudi od mesa. Kao takvi oni u stvari ne mogu da znaju o Božjem kraljevstvu i duhovnom kraljevstvu. Oni će na kraju patiti u agoniji u večnoj vatri Pakla. Prema tome, kakva će biti njihova vrednost? Samo oni koji znaju za oba i telesno kraljevstvo i duhovno kraljevstvo i odbace meso da bi ušli u duh imaju vrednost kao ljudi.

Do mere da smo kultivisali svetost u našim srcima, naše meso će se takođe promeniti u ono koje pripada duhu. Oni koji su bili slabi i bolešljivi će postati zdravi do iste mere da su promenili duh čak iako oni još nisu u potpunosti posvećeni.

Jednom kada uđemo u duh, naš duh će zagrliti dušu i telo tako da će se oni zajedno kao jedna celina. Čak iako živimo u ovom fizičkom prostoru, mi kontrolišemo našu dušu i telo kroz duh, tako da je to isto kao da živimo u duhovnom prostoru. Do stepena da smo povratili lik Božji koji je bio izgubljen tokom Adamovog greha, mi jasno možemo da komuniciramo sa Bogom i da dobijemo blagoslove i sve stvari će ići dobro za nas.

Isto tako, jednom kada postanemo ljudi od duha, naše starenje će se usporiti, i šta više ako odemo u potpuni duh, mi možemo da budemo podmlađeni. U Mojsijevom slučaju, njegove oči nisu bile zamagljene i njegova snaga nije oslabila sve dok nije umro u godini 120. Avram je začeo Isaka iako je mislio da je previše star da ima sina. Štaviše, četrdeset godina kasnije Isak je rođen, i on je izrodio još šestoro dece (Postanak 25). U slučaju Ilije i Enoha, oni su odbacili sve forme mesa i otišli su u tolike dubine nivoa duha koji su pokazivali znakove Božje. Iz ovog razloga oni nisu više bili pod zakonom duhovnog kraljevstva koje kaže da plata za greh je smrt, i prema tome oni su mogli da izbegnu smrt.

Telo kome ne treba hrana

Kada Božja deca uđu u nebesko kraljevstvo ona će konačno imati perfektno nebesko telo. Njihova tela neće da iščeznu ili da propadnu i oni će uživati u večnom životu. Jevanđelje po Mateju

26:29 kaže: „*Kažem vam pak da neću odsad piti od ovog roda vinogradskog do onog dana kad ću piti s vama novog u carstvu Oca Svog.*"

Vaskrsao Gospod neće jesti ništa sve dok On ne jede sa spašenim vernicima posle ljudske kultivacije kada se završi. Baš kao i vaskrsao Gospod, mi ne moramo da jedemo da bi nastavili sa našim životima jednom kada imamo duhovno telo.

Ali aroma i elementi sadržani u hrani na Nebu imaju dobre efekte na duhovni oblik, tako da oni mogu da jedu ili dišu u aromi. Oni mogu da dišu u aromi cveća ili voća, i oni mogu to da učine ne samo sa nosem, već i kroz celo telo i kroz srce. Kada ljudi jednom daju dar žrtve životinje u vremenu Starog Zaveta, Bog je omirisao aromu srca koja je izbivala iz ljudi koji su prinosili žrtve. Čak i danas, kada ponudimo darove na službama bogosluženja, i slavimo i darujemo, Bog prihvata aromu iz naših srca.

Od arome koju udiše veća radost i sreća se na Nebu oseća. Čak i na ovom svetu, mi osećamo veću radost kada jedemo različitu vrstu hrane. Slično tome, duhovna tela uživaju u disanju aroma. Na Nebu, niko se ne umara od ničega, i oni mogu da osete istu radost i zadovoljstvo čak i kada udišu istu aromu sve vreme. Kada udahnu miris voća i cveća, oni ga upijaju u telu neko vreme i onda ga puštaju u vazduh. Ljudska srca će biti ispunjena sa još više radosti u ovom procesu.

Ne postoji otpad iz tela

Savršeno nebesko telo jeste telo. Ono može da miriše i da

jede hranu. Ono može da jede različito voće i pije različite vrste napitka napravljene od vode života. Pored dvanaest voća sa drveta života, postoje mnoge druge vrste voća na Nebu, mi možemo da jedemo onoliko voća koliko to želimo. Postoje takođe mnogo vrste pića.

Na Nebu, da li ćemo takođe jesti hranu koju smo voleli na ovom svetu? Da li će biti mesa, hleba, i kolača na Nebu? Da li će nam nedostajati neka hrana sa ovog sveta? Jednom kada odemo na Nebo, mi nećemo želeti da jedemo hranu koju smo imali na ovom svetu. Jednom kada imamo telo koje je najpogodnije za prostor Trećeg neba, mi možemo da živimo večno čak iako ne jedemo.

Naravno, vi ćete se možda setiti određene vrste hrane u kojoj ste uživali na ovom svetu i želećete da pojedete nešto slično tome na Nebu. Vi ćete možda uzeti nešto što je slično tome. Ali pošto je voće i piće na Nebu mnogo ukusnije, vi nećete poželeti da uživate u bilo kojoj vrsti fizičke hrane iz prošlosti.

Kada pojedemo nešto na Nebu, to će biti rastvoreno i predato tokom disanja, tako da neće biti nijedna vrsta izlučavanja kao na zemlji. Konzumirana hrana biće predana prirodnim dahom, ostaće kao miris neko vreme, i kasnije će nestati u vazduhu. Koliko prigodno i neverovatno je to da mi ne moramo da varimo i izlučavamo kao na ovoj zemlji! Očigledno neće postojati kupatila koji će imati nikakve neprijatne mirise. Na Nebu, mi ćemo imati ovo savršeno nebesko telo.

Ovo je isto i u drugim mestima boravka kraljevstva neba. Ali ako mi imamo više od duše koje pripada mesu a manje duše koje pripada duhu, brilijantnost duhovnog oblika biće slaba. U skladu sa merom do koje smo kultivisali našu dušu koja pripada duhu, nama će biti dodeljeno mesto boravka u Raju, Prvom kraljevstvu neba ili Drugom kraljevstvu neba. Mi možemo da uđemo u u Treće kraljevstvo neba ili Novi Jerusalim samo kada načinimo našu dušu koja pripada duhu kompletno bez ijednog dela duše koje pripada mesu.

Bog nam daje da požnjemo ono što smo posejali i uzvraća nam nazad ono što smo činili u Njegovoj ljubavi i pravdi. Nebeska mesta boravka i nebeski rang biće dodeljen u skladu sa sjajem duhovne svetlosti, i prema tome, mi treba da se borimo sa revnosnim molitvama da postanemo ljudi koji imaju duh, dušu i telo koje pripadaju duhu.

3. Božji poklon

Bog je pripremio dar za spašenu decu, i to je večni život u nebeskom kraljevstvu. Mi ćemo dobiti različita nebeska mesta boravka u shodno tome kako smo išli kroz ljudsku kultivaciju na ovom svetu da postanemo osoba koja žudi za Božjim srcem.

Veliki projekat Boga da žanje vernike koji su „žito" žetve se takođe dešava i danas. On traži one koji veruju u moć i predivnoj prirodi Boga da se vide u svim stvarima u prirodi koji žive po Reči Božjoj. Oni su duše koje su toliko čiste i lepe kao kristal. Biblija nam govori o kraju vremena. Oni koji su duhovno budni osećaju da kraj ljudske kultivacije je veoma blizu.

Još od Adamove propasti, čovečanstvo je proizvodilo potomstvo i razvijalo je civilizaciju. Oni su takođe iskusili život, starenje, bolesti i smrt. Kada se ljudska kultivacija završi, Bog će pozvati sve vernike da uđu u „vazduh" koji je smešten u drugom nebu. On će prirediti „zanosan" banket i dozvoliće nam da podelimo našu ljubav sa Gospodom sedam godina.

Otkrivenje Jovanovo 19:8 to opisuje:

> *„Da se radujemo i veselimo, i da damo slavu Njemu; jer dođe svadba Jagnjetova, i nevesta Njegova pripravila se. I dano joj bi da se obuče u svilu čistu i belu: jer je svila pravda svetih. I reče mi: Napiši: Blago onima koji su pozvani na večeru svadbe Jagnjetove. I reče mi: Ove su reči istinite Božije."*

Božja ljubav se ne završava ovde. Kada se svadbeni banket završi, baš kao i kada novo venčani par ide na medeni mesec posle svadbenog banketa, Bog će nam dozvoliti da idemo na zemlju sa Gospodom i da vladamo sa Njime hiljadu godina. On će obnoviti Prvo kraljevstvo Neba, koje je bilo etapa za ljudsku kultivaciju, i pustiće spašene vernike da podele svoju ljubav sa Gospodom do potpune mere.

Otkrivenje Jovanovo 20:6 kaže: „*Blažen je i svet onaj koji ima deo u prvom vaskrsenju; nad njima druga smrt nema oblasti, nego će biti sveštenici Bogu i Hristu, i carovaće s Njim hiljadu godina.*"

Bog će otkriti darove i nagrade koje je On pripremio za Njegovu voljenu decu kada se Milenijumsko Kraljevstvo završi. U Sudu velikog belog prestola, On će dati nagrade za ono šta su oni uradili na ovom svetu i On će dodeliti njihova mesta boravka na Nebu u skladu sa merom vere svakoga pojedinačno. Njima su trajno data mesta boravka na Trećem nebu, koje je mesto bez suza, tuge, bola, bolesti i smrti, tako da oni mogu da žive život ispunjen dobrotom, ljubavi, radosti i sreće u savršenom nebeskom telu.

Isus obećava u Jevanđelju po Jovanu 14:2: „*Mnogi su stanovi u kući Oca Mog; a da nije tako, kazao bih vam, idem da vam pripravim mesto. I kad otidem i pripravim vam mesto, opet ću doći, i uzeću vas k Sebi da i vi budete gde sam Ja.*"

Kako večno kraljevstvo neba izgleda, i kojom vrstom života ćemo tamo živeti?

Novo nebo i nova zemlja

Nebeski svod na nebu je čist i jasno plav. Razlog zbog koga je Bog napravio nebeski svod u plavoj boji je da nam dozvoli da osetimo dubinu, visinu i jasnoću. On želi da Njegova voljena deca žive srećno zauvek da imaju jasna i lepa srca poput kristala.

Postoje takođe i oblaci na nebeskom svodu nebeskog kraljevstva. Oblaci su oblici ukrasa da bi uvećali lepotu. Oblaci dodaju radost srcima nebeskih građana. Kada oni koji žive u Novom Jerusalimu razmišljaju i odaju slavu Bogu dok gledaju u nebeski svod, anđeli čitaju misli njihovih gospodara i ponekad načine oblak u obliku srca ili ispisuju tekst koristeći oblake.

Na Nebu postoji svetlost slave Božje, koje ne može da se uporedi sa sunčevom svetlosti. Ono sija u svakom uglu blistavo počevši od Novog jerusalima do Raja (Otkrivenje Jovanovo 22.5).

Svetlost slave Božje je tako jasna i sjajna da čak i kada sija nad onima koji su u Raju, oni neće moći čak ni da podignu svoje ruke zbog njene blistavosti. Iz ovog razloga, Bog umanjuje sjaj svetlosti u drugim mestima boravka od one koja je u Novom Jerusalimu. Kako se dalje pomerate od Novog Jerusalima i Trećeg kraljevstva neba ka Drugom kraljevstvu Neba, Prvom kraljevstvu neba i Raju, sjaj svetlosti se umanjuje.

Uz Božju moć postoje četiri godišnja doba, proleće, leto, jesen i zima, na Nebu. Njima u stvari nisu potrebna četiri godišnja doba, ali ona su pripremljena za decu Božju kako bi oni mogli da uživaju u prirodnim pojavama svakog doba. Oni migu da vide opadanje lišća u jesen i čak i sneg zimi.

Bog je napravio stvari na naj savršeniji i prelepi način kako bi mi mogli da osetimo lepotu koju imamo u različitim dobima na ovoj zemlji. Ali to ne mora da znači da će na Nebu biti „hladno" ili „vruće" povezano sa vremenom i sezonom. Postoje razlike u različitim godišnjim dobima ali to neće obeležiti niti vrućinu niti hladnoću godišnjih doba. Temperatura će biti najpogodnija za život sve vreme.

Zemlja Neba nije napravljena od prašine već od zlata, srebra i drugog dragog kamenja. Čelik je umerene gustine na ovoj zemlji, ali kada je usitnjeno, to je oduvano sa vetrom. Ali kada je u obliku lopte, njega ne može oduvati vetar. Zlato, srebro i drugo dragoceno kamenje je loptastog oblika, tako da na Nebu nema prašine.

Zlatni put i put od dragog kamenja

U svakom mestu boravka na Nebu, postoji zlatni put. Naravno, sjaj koji izlazi iz zlatnog puta se razlikuje od mesta do mesta na Nebu. Što ste više bliži Novom Jerusalimu, sjajnija blistavost postaje. Za razliku od čistog zlata na ovom svetu, zlato na Nebu je teško, ali ima osećaj velike mekoće kada hodate po njemu. Na ovom svetu parče zlata veličine ljudske šake je velika retkost. Ali, kada vidite beskonačni kraj zlatnog puta koji sija kao staklo, možete li da zamislite koliko veličanstveno će to biti! Čisto zlato stoji za ne promenjeni kvalitet duhovne vere. Brilijantnost sjaja zlatnog puta u svakom mestu boravka se razlikuje zato što nebesko mesto boravka će biti dodeljeno u skladu sa merom vere svakog pojedinca.

Bog ne pridaje veliko značenje zlata u Raju. Međutim, kako se pomerate od Prvog kraljevstva neba do Drugog kraljevstva neba i Trećeg kraljevstva neba, prebivalište će biti bliže savršenoj meri vere, tako da čisto zlato svakog većeg mesta boravka će imati dublje značenje koje će biti otkriveno brilijantnim sjajem.

Pored zlatnog puta, postoje i druge vrste puteva kao što su cvetni put ili put dragog kamenja. Postoje takođe neki putevi gde ćete vi uz moć Božju biti prebačeni čim stanete na njih. Duhovni oblik je mnogo lak, kao da nema nikakvu težinu. Tako da ako hodate po cveću, cveće neće biti uništeno. Cveće se raduje i odaje još jaču aromu kada mu deca Božja prilaze.

Put od dragog kamenja ima mnogo vrsta dragih kamena koja odaju prelepu svetlost. Kada stanete na njega, ono odaje još veću lepotu. Ali putevi od dragog kamenja ne mogu se videti svuda u nebeskom kraljevstvu. Oni su napravljeni samo na kraju kuća onih koji liče potpuno na Gospoda i dali su veliki doprinos u ispunjavanju Božjeg proviđenja ljudske kultivacije.

Reka vode života

Reka vode života izvire iz Božjeg prestola. Ona teče tokom celog nebeskog kraljevstva i vraća se do svog izvora. Ova reka je čista i bistra kao kristal, i teče veoma mirno kao i da ne protiče. Ono nikada ne isparava i nikada nije zagađena. Ono je kao talasi mora koji sijaju kao drago kamenje koje se odražava kao sunce u jasnom danu. Ono predstavlja srce Boga koji je izvor vode života koji oživljava sve stvari u prirodi. Božje srce je prelepo srce koje je savršeno sjajno i bez mana i mrlja. Ono je savršeno u svemu.

Činjenica da reka vode života protiče kroz celo nebesko kraljevstvo, ima značenje da Bog vlada nad svim dušama na Nebu, i dozvoljava im da imaju radostan život svaki dan u Njegovoj slavi. Ukus vode života je nekako sladak i nešto je što mi nikada nećemo okusiti na ovom svetu. Ona nam daje život, snagu i sreću dok je pijemo.

Otkrivenje Jovanovo 22:2 kaže da ona protiče po sred ulice. Stoga, na obe strane reke su putevi. Ona izvire iz prestola Božjeg i teče pored uglova nebeskog kraljevstva, tako da ako hodate na putu sa obe strane je reke, vi ćete stići do Božjeg prestola. Ova činjenica duhovno označava da ako mi živimo po Reči Božjoj, koja je predstavljena vodom života, mi nećemo doći samo do nebeskog kraljevstva, ali ćemo takođe stići do najlepšeg mesta boravka na Nebu, koje je Novi Jerusalim.

Između reke vode života i puta sa obe strane su rečne obale koje imaju zlatni i srebrni pesak. Iako je tvrd, pesak oblika lopte na Nebu daje osećaj mekoće. Ljudi ne mogu da se povrede ako se kotrljaju ili trče po njemu i neće se čak ni ogrebati. Pesak ne može biti oduvan i ne može da se zaglavi kao prašina u nebeskoj odeći.

Vi takođe možete da plivate u reci. Čak iako niste znali kako da plivate na ovom svetu, vi slobodno možete da plivate na Nebu. Da bi išli na plivanje na ovom svetu mi obično moramo da se presvučemo u odeću za plivanje. Ali vodi na Nebu ne prodire u odeću Neba. Ona samo klizi sa površine materijala odeće. Tako da vi možete slobodno da plivate dok nosite običnu odeću.

Postoje prelepe klupe koje su napravljene na zlatnom putu koji deli svaku stranu reke. Okolo njih su dvanaest vrsti voća od drveta života. Otkrivenje Jovanovo 22:2 kaže: „*Nasred ulica njegovih i s obe strane reke drvo života, koje rađa dvanaest rodova dajući svakog meseca svoj rod...*" To ne znači da će voće opadati i da će ga svakog meseca drugo voće zameniti. To znači da dvanaest vrste voća su uvek tamo.

Voće života je veliko kao velika lubenica, ali ima oblik sličan jabuci. Ono je rumeno, i boja je prelepa. Dvanaest voća se znatno razlikuje u svom sjaju, veličini, obliku i ukusu. Ako neko ubere jednu od voćki, nova voćka će odmah izrasti da je zameni. Ono je mnogo prijatnije od bilo kog voća na ovom svetu i ukusno van ljudskog opisa. Ono se topi u vašim ustima kao šećerna vuna.

U viziji Bog mi je jednom pokazao scenu reke vode života. Božja deca su sedela na klupama koje su bile ukrašene sa dragocenim kamenjem. Oni su imali prijatne razgovore jedni sa drugima. Ako su gajili misli kroz koje su želeli da jedu voće tokom njihovih razgovora, pomoćni anđeli su čitali njihove misli i donosili im voće u zlatnoj košari. Vi možete da gledate u reku dok sedite na klupama sa voljenima koji vas okružuju ili vi možete da imate ugodne dijaloge sa njima dok se šetate. Koliko srećan će takav život biti!

Životinje i biljke Neba

Na Nebu, broj vrsta životinja, ptica i riba je jednostavno bezbrojan. Postoje neke vrste koje nisu na ovom svetu i ima onih koje su predstavljene na ovom svetu ali nisu pronađene na Nebu. One životinje koje su smatrane gnusnim u Levitskom Zakoniku 11 ne mogu biti nađene na Nebu.

Životinje na Nebu sa malo veće od onih na ovom svetu. One se čine da su malo veličanstvenije a ipak su veoma umiljate u karakteru i one su pokorne. Krzna sisara i perje ptica odaju sjajnu svetlost i prijatan miris. Čak i lav nije zastrašujuć nego je umiljat. Čisto krzno i zlatna griva su prelepi za gledanje.

Životinje Neba dočekuju Božju decu i raduju se kada ih vide. Naročito u Novom Jerusalimu, postojaće ljudi koji će dobiti životinje kao lične ljubimce ili čak zoološki vrt kao njihovu nagradu. Životinje izvode slatke trikove da bi udovoljile svojim gospodarima. To ne znači da oni ne razumeju misli svog gospodara zato što nemaju dušu. To je isto kada se anđeli povinuju zapovestima Božjim, životinje na Nebu, kao duhovna bića, skoro da odmah čine na način da bi ih gospodari voleli.

Na Nebu, postoje mnogo vrsta biljaka uključujući i drvo života, druga drveća voća i cveća. Biljke na ovom svetu dobijaju hranljive materije kroz koren i kroz proces fotosinteze da bi proizveli izvor energije. Ali biljke na Nebu, žive zauvek bez ovih procesa, već sa moć života datu od Boga. Koren biljke ne proizvodi hranljive materije. Oni samo pokazuju karakteristike biljke. Naravno, oblik cveća, njihov miris, i voće mogu da pokažu svoju odliku, ali koren takođe ima značenje u takvim razlikama.

Biljke na Nebu odaju svoj unikatan miris jako ali nežno. Oni mogu da se pomeraju ili saviju svoje grane da bi izrazili određeno značenje. Oni mogu da se pomeraju kada anđeli odaju slavu igrom i pesmom. Oni takođe mogu da slave Boga davanjem svojeg mirisa koliko god mogu.

Lišće, cveće, i voće nikada ne opada čak i kako vreme prolazi. Njihov miris i boja se nikada ne menja. Ako vi iščupate cvet, novi cvet će ga odmah zameniti. Takav je slučaj i sa voćem. Cveće koje je ubrano takođe ne može da uvene i njegova svežina se održava. Ako vi želite da zadržite cvet, on će trajati onoliko koliko želite da traje. Ako želite da ga uklonite, on će samo rastvoriti i nestati u vazduhu. Neko cveće daje jak miris kada se pretvori u prah. Ako vi želite, vi možete da ga zadržite u bočici koliko god želite.

Svaka biljka ima svoj unikatni miris. Ono ima svež, sladak, nežan i prijatan miris. Aroma u svakom mestu boravka ima drugačije značenje. Na primer, ruže u Raju su samo jedna vrsta od mnogo cveća tamo. Ali u kućama pojedinaca u Novom Jerusalimu, srce vlasnika sadržaće miris ruže u kući. Kada postoji poseta gosta, ruže će dati određeni miris gostima da bi iskazale srce vlasnika. Ruže u raznim kućama u Novom Jerusalimu će dati različitu vrstu mirisa.

Takođe, neke od biljaka koje su u Novom Jerusalimu nisu prisutne u drugim mestima boravka. Broj različitih vrsti cveća raste kako vi idete od Novog Jerusalima ka Raju. Takođe, sloboda za osobenu potrebu korišćenja cveća je takođe sve više ograničena. Ugodnost da sedite na livadi sa travom i boja livade se takođe razlikuje u svakom mestu boravka.

Sve na Nebu, uključujući životinje i biljke je pripremljeno od Boga za Njegovu spašenu decu. Za onu istinsku decu Božju koja su živela samo po volji Božjoj na ovom svetu biće im dato sve što požele na Nebu.

Kulturni život na Nebu

Bog je napravio niz rekreacionih objekata u svakom mestu boravka da da Njegovoj deci veću radost i sreću. Oni su neuporedivo veći od najvećeg zabavnog parka na ovom svetu. Oni takođe imaju mnogo zabavnih stvari.

Pošto smo u savršenom nebeskom telu na Nebu, tamo nema potrebe za strahom. Vi nećete morati da se bojite on ni jedne vožnje kao što je voz smrti. Vi ćete biti samo uzbuđeni njime. Pored zabavnih parkova, postoje mnogo drugih stvari za zabavu, rekreaciju i uživanje. Mi takođe možemo da imamo hobije koji iskazuju talenat i određene veštine na Nebu baš kao što smo to radili na ovom svetu.

Mi možemo da uživamo u stvarima u kojima smo uživali na ovom svetu. Šta više, ako postoje stvari gde smo bili uzdržani da ih uradimo na ovoj zemlji da bi ispunili još više Božjih dela, mi ćemo moći da uživamo u njima koliko god želimo. Mi ćemo takođe naučiti nove stvari. Na primer, mi možemo da naučimo da sviramo muzičke instrumente kao što je violina, flauta ili harfa. Na Nebu, svako je mudar i savršen, tako da ćemo moći da naučimo da sviramo veoma brzo.

Sportovi na Nebu isključuju svaku igru koja može da uzrokuje povredu ili da ugrozi druge. Postojaće određena pravila takođe za svaku igru. Mi možemo da imamo i timske sportove kao što je odbojka, košarka, fudbal ili bejzbol. Tamo će takođe biti i individualne igre kao što su tenis, skijanje, golf, kuglanje i plivanje. Mi takođe možemo uživati u sportovima kao što su zmajarstvo, surfovanje na dasci i jedrenje. Sportski objekti i oprema na Nebu su bezopasni i ukrašeni su sa zlatom i dragim kamenjem da bi doprineli našoj radosti.

Nebo nije mesto gde ćete vi imati zadovoljstvo u pobedama na takmičenju. Vi možete da steknete dovoljno zadovoljstva i ugođaja samo zbog činjenice da vi možete da igrate u sportovima. Koje je značenje igre koja nema pobednike, možda se pitate? Ali pošto na Nebu nema zla, da bi dali veće zadovoljstvo i napredak drugima je pobediti u igri.

Naravno, postoje mnoge igre iz kojih vi možete da dobijete zadovoljstvo takmičenjem sa dobrom verom. Na primer, ljudi udišu miris cveća što je moguće više i izdišu ga ispred drugih ljudi. Poeni će biti davani u jačini dokle su udovoljavali Bogu udišući miris, ili u skladu sa time kako su usaglašavali mnoge vrste mirisa. To je takmičenje u tome koliko su više zadovoljstva dali drugim ljudima i ovo je takođe udovoljavanje u Božjim očima. Postoje takođe i mnogo druge vrste zabave na Nebu koje mogu da daju čak i veću zabavu od bilo koje zabave na ovom svetu. One ne uzrokuju zamor kao arkadne igre ili video igre, i vi se nikada ne dosađujete od ničega.

Vi takođe možete da gledate filmove na Nebu. U pozorištima, vi možete da vidite istorijske događaje koji su se dogodili za vreme ljudske kultivacije. Stvaranje, Noeva barka, Izlazak, Isusovo službovanje, proviđenje krsta, vatrena dela Svetog Duha na kraju vremena, i priče od svakog oca vere će biti napravljena u filmove.

Na primer, vi možete da gledate film o celom životu Apostola Pavla. Vi možete da gledate kako je on sreo Gospoda i kako je vodio svoj ceo život sa ljubavi prema Gospodu. Vi možete da naučite detaljne stvari koje nisu zapisane u Bibliji. Vi ćete videti Pavlov život kao da ste bili lično sa njim u takvim događajima dok je bio nekoliko puta osuđivan—izvan mere ljudske izdržljivosti. Vi možete da iskusite njegovo zarobljeništvo u Filipi, i njegovu zahvalnost Bogu i slavu za Njega čak i kada je bio na moru dok je imao brodolom. Koliko emotivno jako će to biti!

Prevoz na Nebu

Mi možemo da posetimo misteriozna i prelepa mesta u nebeskom kraljevstvu. Biće to unikatno, scene koje oduzimaju dah gde god da odemo. Kada smo u savršenom nebeskom telu, neće biti zamora čak i kada putujemo duže vreme. Srce duha se nikada ne menja, tako da nama nikada neće biti dosadno čak i ako posetimo isto mesto.

Postojaće različita prevozna sredstva za putovanja. Postoje vrste javnog prevoza kao što je nebeski voz. Postoji privatni prevoz kao što je automobil oblak ili zlatni vagon. Nebeski voz je ukrašen sa sjajnim dragim kamenjem različitih boja, i on obezbeđuje putnicima najviši comfort. To će biti zaista očaravajuće da se takođe gledaju prizori kroz prozor. Kada su vernici u Raju pozvani da posete Novi Jerusalim, oni će ići nebeskim vozom. Voz ustvari može da leti u nebeskom svodu velikom brzinom.

Iako je nazvan automobil oblak, on nije napravljen od pare, već od oblaka slave. Ono je dodatak lepoti nebeskog života. Kada vozite automobil oblak, to čini drugim rečima dostojanstvo i vlast. Kada se Gospod ponovo vrati, On će doći na oblacima (1 Solunjanima 4:16-17; Otkrivenje Jovanovo 1:7). To je zato što će to izgledati mnogo uzvišeno, počastvovano, i lepo doći sa oblacima slave.

Bog daje automobil oblak onima koji idu u Treće kraljevstvo Neba ili više. U Trećem kraljevstvu Neba, automobili su za javnu upotrebu, ali u Novom Jerusalimu, oni su dati za ličnu upotrebu. Sa ove tačke gledišta, imati automobil oblak samo pokazuje slavu vlasnika.

Oni koji su u Novom Jerusalimu mogu takođe da idu na putovanja sa Gospodom u automobilu oblaku. Automobile oblake obično voze anđeli. Neki od njih su mala putnička vozila dok su drugi veći i imaju puno sedišta za više putnika. Dizajn, boje i dekoracije su takođe različite. Postoji takođe automobil napravljen od malog parčeta oblaka. On se koristi za kratke razdaljine. On uzima osobu i spušta ga nežno na destinaciju, na primer kao kolica za golf kada igra golf!

Službe bogosluženja i edukacija na Nebu

Mi ćemo takođe posećivati na Nebu službe bogosluženja. Sam Bog će prenositi poruku. Mi ćemo naučiti o duhovnom kraljevstvu do detalja uključujući izvor Boga, Blaženstvo Vremena i večnost. Mi ćemo takođe imati vremena da slušamo Gospoda. Mi ćemo takođe da razgovaramo sa Bogom, i Svetim Duhom i ovo je molitva na Nebu. Mi ćemo takođe slaviti Boga sa novim pesmama.

Na Nebu, ako vi morate da posetite mesto koje je na većem nivou od vašeg mesta boravka, vi morate da promeniti vašu odeću u onu koja je u skladu sa mestom i događajem. Službe Bogosluženja održane u Novom Jerusalimu će biti emitovane svuda, tako da svako može da poseti službu bilo gde na Nebu. Ali komplikovana oprema nije neophodna za ovo. Anđeli će razviti nešto kao parče tkanine, što će biti video ekran. Svetlost i boje biće odmah podešene za svako mesto boravka, tako da oni mogu da gledaju jasan video koji im daje osećaj kao da su zaista bili na dotično mesto.

Razlog zbog koga svetlost mora da bude podešena je taj da, ako je svetlost Boga prenesena kao što jeste, oni koji su u Trećem kraljevstvu neba ili niže ne mogu direktno da vide zato što je svetlost više nego sjajna. Oni koji su u Drugom kraljevstvu Neba i niže neće moći da vide čak iako podignu glave gore da pogledaju u lice našeg Oca Boga na ekranu, zato što im njihova savest neće to dozvoliti.

To je u stvari za one koji su u Raju i koji su dobili „sramno spasenje." Oni čak ne mogu ni da pogledaju video ekran zbog sramote i nekih sramnih osećanja. Kako se nastavlja služba bogosluženja gde je govornik Bog, vi možete da pozovete Gospoda, Svetog Duha i očeve vere kao što su Mojsije i Pavle da govore na službama bogosluženja.

Mi ćemo nastaviti da učimo nove stvari čak i kada odemo na Nebo. Kraljevstvo nebesko je beskonačno i bez obzira koliko da učimo mi nikada nećemo naučiti sve o Bogu Stvoritelju koji postoji pre večnosti i kroz celu večnost. Veoma je teško da potpuno razumemo beskonačnost dubine Boga koji vlada nad svim stvarima u univerzumu. Mi ćemo osetiti da je Nebo ispunjeno sa stvarima koje mi zaista moramo da naučimo. Ali učiti na Nebu, za razliku od ovog sveta, će biti radosno. Mi ćemo razumeti sve ono kako ga naučimo. Mi nikada nećemo zaboraviti jednom kako smo razumeli tako da nema ničega teškog za učenje. Šta više, mi ne slušamo samo predavanja. Postojaće tordimenzionalni programi koji će nam pomoći da razumemo.

Zamislite orginalni glas Boga koji govori: „I neka bude svetlost" koji odzvanja kroz ceo univerzum, svetlost je formirana, i takođe je svetlost odvojena, i sve ove scene se odvijaju baš ispred vaših očiju! Takođe, zamislite da možete da vidite formiranje svoda od vode i kako se voda razdvaja od vode Koliko će to veliko i veličanstveno to biti!

Razni Banketi na Nebu

Razni banketi mogu biti smatrani vrhom radosti nebeskog života. Oni nam u momentu daju da osećamo obilje, slobodu, lepotu i slavu Neba. Na banketima ljudi će gledati različite predstave ili plesove sa svojim voljenima i najlepšim modelima i ukrasima koje imaju. Čak iako vi ne plešete dobro na ovom svetu, vi ćete to brzo naučiti na Nebu.

Čak i na ovom svetu, jedan koji je pun inspiracije Svetog Duha može otići u fazu gde će novi jezici i pesme izlaziti. Onda će se ruke i ramena pomerati odmah u ritmu igre i slavi Božjoj. Na Nebu, sa savršenim nebeskim telom, svako može prelepo da igra na svaku vrstu muzike. Jedan čak može da daje slavu Bogu sa solo igrom.

Postoje mnogo vrste veselja na Nebu, i veličina i nivo se razlikuju u svakom mestu boravka. U Novom Jerusalimu, ima banketa koji su održani u ime Trojedinog Boga ili banketa koji su održani ponaosob u ime Boga Oca, Boga Sina i Boga Svetog Duha. Vremenom svi ljudi u svim nebeskim mjestima boravka će biti pozvani da prisustvuju na banketu koji će biti održan u ime Trojedinog Boga (Svetog Trojstva).

Na primer, posle Suda velikog belog prestola, nama je dato određeno mesto boravka na Nebu i tamo će biti prvi banket održan u Novom Jerusalimu. Bog će pozvati sve građane nebeskog kraljevstva na ovaj banket. Svi oni koji su Novom Jerusalimu i Trećem kraljevstvu neba mogu da dođu, ali iz Drugog nebeskog kraljevstva neba do Prvog kraljevstva neba i Raja, samo određeni mogu u stvari da dođu na ovaj banket.

Kada ljudi iz drugih mesta boravka dođu na banket u Novi Jerusalim, oni moraju da promene svoju odeću i ukrase kako bi bili dolični Novog Jerusalima. To je zato što se svetlost nebeskog tela razlikuje u svakom mestu boravka. Jednom kada obuku odeću koja je prikladna za Novi Jerusalim, oni sebe mogu da prilagode mestu, i oni će biti prikladni za banket koji se ovde održava.

Postoje određena mesta gde ljudi mogu da promene svoju odeću. Postoji mnogo vrsta odeće koja je pripremljena za njih. Anđeli im pomažu da po odabiru presvuku svoje ruho. Ali oni koji su iz Raja moraju da se presvuku bez pomoći anđela. Jednom kada obuku sjajnu odeću za Novi Jerusalim, oni će biti dirnuti neverovatnom slavom, i osetiće se nezaslužnim zato što imaju odeća koju oni ne zaslužuju i nisu privilegovani da je nose.

Za razliku u odeći, krune nisu spremne za Novi Jerusalim. Svako ponaosob mora da donese svoju krunu. Krune u Trećem kraljevstvu neba se razlikuju od onih u Novom Jerusalimu, i postoji mali, okrugli znak u desnom uglu krune. Oni koji su iz Drugog kraljevstva neba, Prvog kraljevstva neba i Raja stavljaju okrugli znak sa leve strane obraza tako da će se oni lako razaznati od onih koji su u Novom Jerusalimu ili Trećem kraljevstvu neba. Oni iz Drugog i Prvog kraljevstva neba stavljaju svoje krune da bi posetili banket, ali oni iz Raja nemaju krune i oni ne nose ni jednu.

Banketi u različitim mestima boravka

Anđeli obično brinu o dekoracijama, protokolu, služenju hrane i ostalim aspektima za pripremu nebeskih zabava. Kao što u avionu postoje različite usluge u skladu sa klasom u kojoj se putuje, nivo usluge i sve pripreme banketa su različite u svakom od mesta boravka.

Ako kažemo da su banketi održani u Novom Jerusalimu slavlja koja se održavaju u kraljevskim porodicama onda banketi u Raju liče na zabave koje siromašni seljaci održavaju sa svojim komšijama. Ali ovo je samo alegorija i to ne znači da su banketi u Raju cicijaški i bedno pripremljeni. To samo znači da postoji tako velika razlika između banketa u Novom Jerusalimu i onih u Raju.

Banketi u Raju nisu održavani od strane jedne osobe. Oni su za svu javnost ili određene grupe. Tama nema anđela pomagača tako da ljudi moraju sve sami da pripreme. Ali čak ni u Raju ne postoji zlo nego samo dobrota i ljubav tako da će svako za svakog pripremati sa srećom i radošću. Svi obzirno služe jedni druge tako da mogu da uživaju što je moguće više. U stvari to je takva vrsta sreće kakvu mi ne možemo da osetima čak ni na najluksuznijoj zabavi na ovom svetu. Onda, koliko će velika biti radost i blaženstvo na banketu u Novom Jerusalimu!

Predstave

Pesme i igre su vitalni delovi banketa na Nebu isto kao i na ovoj zemlji. Divni anđeli elegantno igraju ili sviraju muzičke instrumente i pevaju pesme. Tu su takođe i izvođači koji slave ili sviraju instrumente zajedno sa anđelima. Slavljenje, igra i muzika izvedena od anđela je besprekorno lepa i virtuozna. Ali Bog nešto još radosnije prihvata nego izvođenje anđela. To je slava, igra i i muzika izvedena od strane Božje dece zbog toga što to oni Njemu nude uz razumevanjem Božjeg srca i uz njihovi ljubav prema Njemu.

U Novom Jerusalimu takođe postoje specijalne sale za izvođenje. To su velike i čudesne sale u kojima se konstantno održavaju predstave i one su mnogo veće nego Karnegi hol ili Medison skver gardenu u Njujorku ili Sidnejska opera. To nije da bi izvođači pokazali svoje veštine. To je samo zato da bi bi se slavio Bog i da bi se dala sreća i radost Gospodu i ostalim ljudima.

Većinom izvođači su oni koji su bili izvođači na ovom svetu i ponekad oni ponovo izvode ono što su izvodili na ovoj zemlji. Takođe koji su na ovoj zemlji želeli da učestvuju u izvođenju ali nisu mogli i oni sada uče nove hvalospeve i igre na Nebu i izvode ih.

Prema tome koliko su izvođači postali sveti oni mogu da izvode ekskluzivno u Novom Jerusalimu, Trećem nebeskom kraljevstvu, Drugom nebeskom kraljevstvu ili Prvom nebeskom kraljevstvu. Pevači, igrači ili svirači muzičkih instrumenata za Novi Jerusalim su izvođači vrhunske klase koji su voljeni od svih ljudi na Nebu. Svi na Nebu mogu videti njihovo izvođenje zbog toga što se banket koji se izvodi u Novom Jerusalimu u ime Trojedinog Boga prenosi uživo u svim nebeskim mestima boravka.

Video ekran će se otvoriti u vazduhu na najpogodnijem mestu za oči da ga vide tako da će gledajući ovaj živopisni video stvoriti utisak kao da se oni ustvari nalaze tamo. Na ovaj način ljudi na drugim nebeskim mestima boravka mogu biti dirnuti banketom ili izvođenjima održanim u Novom Jerusalimu. Baš kao što poznate ličnosti bivaju praćene od stane mnogo obožavaoca na ovoj zemlji postoje anđeli koji su određeni da te izvođače prate i slave. Oni ih zovu „Gospodar" i oni ugađaju i pružaju sreću i radost svojim gospodarima.

Biti voljen i obožavan od nebrojanih anđela

Postoji žena u Novom Jerusalimu koja uživa tako veliku počast i koja je praćena od strane nebrojenih anđela. Ona je ta koja je kultivisala perfektno srce duha na ovoj zemlji. Ona je Marija Magdalena. Ona nosi blistavu haljinu koja je duga do poda. Ona ima kosu koja je duga do struka. Ona je zaslepljujuće lepa sa njenom krunom na glavi.

Marija Magdalena je dok je živela na ovoj zemlji kultivisala perfektnu dobrotu i njen duhovni oblik odaje tako blistavo svetlo slave. Njen glas je ispunjen smernošću i blag je kao zvuk malog potoka. Kada govori miris njene smernosti i dobrote se širi a svi anđeli i ljudi biće ponešeni njenim rečima. Tako ponekad anđeli oko Marije Magdalene formiraju krug i slave njen miomiris dobrote.

Ona je na tako počastvovanoj poziciji da može da vidi Boga sve vreme tako da jedinka može da oseti njeno srce, dostojanstvenost i blistavost slave Božje samo time što je vidi. Onda kako je Marija Magdalena mogla da dobije tako počastvovanu poziciju?

Marija Magdalena je bila izlečena od mnogih bolesti i bila je oslobođena od sile tame time što je srela Gospoda. Ona je zauvek bila zahvalna za ovu Gospodnju milost i služila je Njemu bez promene stava. Kada je Isus bio razapet toliko mnogo ljudi koji su Ga pratili je otišlo. Ali je ona imala tako nepromenljivo srce da je ona ostala sa Isusom do Njegove smrti. Ona je čak i posećivala Njegov grob. Konačno ona je dobila mesto da ostane blizu prestola Gospodnjeg u Novom Jerusalimu.

Bog želi da deli Njegovu večnu ljubav i dobija hvalu od Svoje iskrene dece koja su kultivisala njihova predivna srca dobrote kao Marija Magdalena.

Isaija 43:21 kaže: „*Narod koji sazdah Sebi, pripovedaće hvalu Moju.*“ Šta Bog želi nisu samo lepi glasovi, divna koreografija ili čudesan zvuk muzičkih instrumenata. On želi hvale koje dolaze iz istinskih i dobrih srca. Bog takođe ponekad peva. Uz divnu melodiju i rimu On peva o čudesnim stvarima koje je Njegov jedini rođeni Sin Isus učinio ili o izvanrednim stvarima koje su manifestovane od strane Svetog Duha.

Niko ne može da oponaša Njegov glas pevanjem. Toliko je lep da će svako biti očaran samo kad ga jednom čuje. To je takođe tako glasan glas da može da uzdrma ceo svet ali neće svako na Nebu biti u stanju da ga čuje. Njega jedino mogu da čuju oni koji su blizu prestola u Novom Jerusalimu. Zbog toga je poželjno da mi dostignemo nivo potpunog duha, hvalimo Boga u večnom kraljevstvu nebeskom i dostignemo veličanstvenu poziciju sa koje mi uvek možemo da čujemo Božji poj.

3. Deo

Prevazilaziti ljudska ograničenja

Iskusiti Božji prostor

Videti Boga koji je svetlost

„Zaista, zaista vam kažem: koji veruje Mene,
dela koja Ja tvorim i on će tvoriti, i veća će od ovih tvoriti;
jer Ja idem k Ocu Svom."
- Jevanđelje po Jovanu 14:12

Poglavlje 1

Božji prostor

Za razliku od fizičkog prostora, Božji prostor je bezgraničan.
Jednom kad mi postanemo istinska Božja deca mi možemo
da prevaziđemo ljudske granice uz bezgraničnu moć Božju.
U Božjem prostoru stvari mogu bit stvorene iz ničega,
mrtvi se mogu vratiti u život i sve što Bog sadrži u svom srcu može biti urađeno.
Ne postoji ništa što je nemoguće u tom prostoru.

Imati prostor Božji

Dela stvaranja zauzimaju mesto u Božjem prostoru

Dela koja prevezilaze vreme i prostor

Iskusiti kretanje kroz prostore

Ljubav koja premašuje pravdu

Prostor je obim ili prostiranje površine trodimenzionalnog prostranstva. Takođe se može nazvati bezgraničnim prostiranjem trodimenzionalne oblasti u kojoj sve materije egzistiraju. Danas takođe postoji sajberspejs koji je kreiran od strane kompjutera. On je otvoren za svakoga ali ljudi mogu da ga koriste u različitim merama u zavisnosti od njihovog znanja i sposobnosti korišćenja kompjutera. Na isti način mi možemo da koristimo Božji prostor i doživimo neverovatne stvari opisane u Bibliji do te mere do koje mi razumemo i korisno upotrebljavamo Božji prostor.

Duhovni prostor nije negde na kraju univerzuma. On je veoma blizu našem fizičkom prostoru. Baš kao što mi možemo da vidimo napolje kada otvorimo prozor naših kuća tako mi možemo da vidimo i duhovni prostor ako su kapije duhovnog kraljevstva otvorene.

U Bibliji mi možemo da čitamo o vaskrslom Gospodu kako se uzdiže na Nebo na očigled mnogih učenika. Dela Apostolska 1:9 kažu: „*I ovo rekavši videše oni gde se podiže i odnese Ga oblak iz očiju njihovih.*" Isus je otišao na Nebo kroz duhovni prostor koji je bio otvoren skoro u visini gde su oblaci formirani.

Ako mi jasno razumemo duhovno kraljevstvo, mi možemo da imamo odgovore na mnoge teške pasuse u Bibliji. Mi takođe možemo da imamo perfektnu veru i nadu za Nebo.

Izgleda da svi ljudi nemaju drugog izbora nego da žive u okviru njihovih granica u vremenu i prostoru. Ali mi možemo da prevaziđemo te granice ako mi postanemo istinska Božja deca. Čak ni zli duhovi neće biti u stanju da nas dodirnu. Mi ćemo na kraju otići u Treće nebesko kraljevstvo locirano na Trećem nebu gde čak ni živi duh Adam nije mogao da živi. Šta više mi ćemo takođe osetiti bezgraničnu moć Božju koji je na Četvrtom nebu. *„I budući da ste sinovi, posla Bog Duha Sina svog u srca vaša, koji viče: Ava! Oče! Tako već nisi rob, nego sin; a ako si sin, i naslednik si Božji kroz Isusa Hrista"* (Galaćanima Poslanica 4:6-7).

Prostor i dimenzija iz Božjeg pogleda

Kao što je spomenuto u prvom delu „Ogromni prostor duhovnog kraljevstva," nakon što je Bog isplanirao ljudsku kultivaciju On je podelio originalni prostor na mnogo prostora različitih dimenzija. Generalno On je podelio prostor na četiri neba od Prvog do Četvrtog neba. Prvo nebo je maleni deo u odnosu na originalni jedan prostor. Kada je Bog stvorio različite prostore različitih dimenzija On je među njima ustanovio principe po kojima viša dimenzija može podjarmiti i vladati na nižim dimenzijama a niže dimenzije se podčinjuju višim dimenzijama.

Prvo nebo, koje je fizički univerzum uključujući i Zemlju, sunce i mesec i zvezde koje vidimo, je prva dimenzija. To je fizički svet, tako da se stvari menjaju, nestaju ili umiru. Druga dimenzija je prostor na drugom nebu. Drugo nebo je uopšteno podeljeno u oblast svetlosti i oblast tame. U oblast svetlosti je Eden, u kome je smešten Edenski vrt. Susedno od Edena je oblast tame gde zle duše drže vlast u vazduhu.

Treća dimenzija je nebesko kraljevstvo, Treće nebo. Ovo je mesto gde će spašena deca Božja živeti večno. U centru Novog Jerusalima, koje udomljuje Božji presto, postoje različita mesta boravka koja se razlikuju u skladu sa verom svakog pojedinca. Četvrta dimenzija je Četvrto nebo, i to je prostor gde iskonski Bog postoji kao svetlost i glas. To je Četvrto nebo sa kojeg Trojedini Bog vlada nad svime—Trećim, Drugim i Prvim nebom—dok pokazuje dela kreacije koja prevazilaze vreme i prostor.

Ovaj misteriozan četrvorodimenzionalan prostor je prostor Božji. To je gde iskonski Bog postoji i to je tako prelepo mesto. Niko ne može da ode u tu oblast osim Trojedinog Boga i nekoliko osoba koja imaju posebnu dozvolu od Boga.

Prostor Božji je beskonačno mesto gde Bog može da učini da postojeće stvari nestanu i da stvori stvari od ništavila. Supstance mogu da budu od bilo kog oblika tečnosti, gasa ili čvrste materije. Samo oni koji imaju odgovarajuće kvalifikacije mogu da uđu u ovu oblast. Sada dozvolite nam da pogledamo u ovaj misteriozan i čudesan prostor Božji.

Božje srce je prostor Božji

Prostor gde je Bog postojao pre vekova je duhovno kraljevstvo nevidljivo za naše oči. To je bio veliki prostor, i u to vreme duhovno kraljevstvo i fizički svet nisu bili podeljeni. Bog je postojao kao prelepa i brilijantna svetlost i imao je glas koji je odzvanjao. On je preselio sve širom univerzuma, vladajući nad svime sam.

Iskonski Bog je sakrio ceo univerzum u Njegovom srcu. Drugim rečima, ceo prostor univerzuma je bio sadržan u Njegovom srcu. Dozvolite mi da vam navedem objašnjenje da bi bolje razumeli izraz: „skriveni prostor u srcu." Ako se sećate svog rodnog mesta, vi možete da zamislite sliku vašeg mesta rođenja, i možda ćete se pitati kako sada ono izgleda. Ili, ako mislite na nekoga koga ste voleli i sećate se vremena kada ste bili sa tom osobom, vaše misli su već na mestu gde ste bili sa njim/njom.

Što se tiče Boga, On može da bude svuda u univerzumu prevazilazeći vreme i prostor ako On samo zaželi to u Njegovom srcu. Mi izražavamo ovu osobinu Boga govoreći da je On „sveprisutan." Zbog ove sveprisutnosti On može da zaštiti sve uglove univerzuma i da vlada nad svim stvarima.

U Psalmima 68:33 čitamo: *„Koji sedi na nebesima nebesa iskonskih; evo grmi glasom jakim.* " „Sedi na nebesima nebesa" znači da je Bog vladao nad svim prostorima od Prvog neba do Četvrtog neba. Kaže se da Njegov glas grmi, ali ovaj glas nije čujan za naše uši. Jednom kada Bog govori sa iskonskim glasom stvaranja, sve stvari će se povinovati, i Njegova vlast i dostojanstvo će prodrmati sva neba.

Imati prostor Božji

Bog želi da Njegova voljena deca imaju prostor i Božji i da takođe vladaju nad svim stvarima. Ali postoji uslov da bi mogli da poseduju ovaj prostor, jer postoje pravila ljubavi i pravde utvrđene od Boga za ljudsku kultivaciju. Pravda je zakon i pravilo. Baš kao što ima mnogo zakona za udruženja i saobraćajnih pravila za vozače, takođe postoji Zakon Božji, i ovo je pravda Božja.

Onda, šta to znači ukoliko poseduju prostor? To je sakriti prostor u srcu nekoga potpuno. Naravno, sakriti prostor Božji u našim srcima ne znači da mi možemo da budemo sveprisutni kao Bog. To samo znači da određene stvari mogu da zauzmu mesto bez razdvajanja prostora Božjeg u ovom fizičkom svetu.

Kada je Bog podelio prostore, On ih je podelio u skladu sa Njegovom pravdom i ljubavi koja su odgovarajuća za svaki prostor. Kako mi idemo više u dimenziju prvog, drugog, trećeg i četvrtog neba, dimenzije pravde takođe postaju šire i dublje. Svako nebo se održava u bezgrešnom redu. Razlog zbog koga svaki prostor ima različitu dimenziju pravde je taj jer svako nebo ima različitu dimenziju ljubavi. Ljubav i pravda ne mogu biti odvojeni. Što dublja dimenzija ljubavi postaje, dublja dimenzija i pravde je takođe.

Kada je Isus oprostio ženi koja je počinila preljubu, to je bilo zbog ljubavi koja je otišla van nivoa pravde (Jevanđelje po Jovanu 8). Kada je žena bila uhvaćena u sceni kada je počinila preljubu, ljudi koji su sudili po pravdi prvog neba raspravljaju su se da je odmah moraju kamenovati. Ali Isus, koji je imao pravdu četvrtog neba rekao je: „*Ni ja te ne osuđujem. Idi. I odsele više ne greši*" (Jevanđelje po Jovanu 8:11). Ovo je bila prava ljubav sadržana u pravdi.

Mi možemo da posedujemo prostor Božji i da se slobodno pomeramo kroz sve prostore samo kada imamo potpuno iskrenu ljubav i pravdu Božju. Onda mi možemo takođe da razumemo pravila duhovnog kraljevstva i da vidimo kroz sve stvari koje se događaju u ovom fizičkom svetu. Isus koji nije imao ni jedan greh umro je na krstu na mestu grešnika. Zato što je On imao ljubav koja ide iznad pravde, Isus je manifestvovao neverovatna dela Božje moći kao što su izlečenje od neizlečivih bolesti i smirivanje vetra i talasa. On je mogao da čita misli i um ljudi koji su pripadali prvoj dimenziji.

Oni koji su u prvoj dimenziju su ograničeni u granicama vremena i fizičkog prostora. Ali nakon što mi prihvatimo Isusa Hrista i ponovo smo rođeni Svetim Duhom, mi možemo biti oslobođeni od takvih ograničenja do mere da kultivišemo naše srce u duhovno srce. Ako mi postanemo čovek od duše i potpune duše koje pripada trećoj dimenziji što je duhovno kraljevstvo, neprijatelj đavo i Sotona koji pripadaju drugoj dimenziji, bojaće se nas čak iako smo mi fizički u prvoj dimenziji.

Postanak 1:28 kaže: „*I blagoslovi ih Bog, i reče im Bog: Rađajte se i množite se, i napunite zemlju, i vladajte njom, i budite gospodari od riba morskih i od ptica nebeskih i od svih zveri što se miče po zemlji.*" Adam je bio živi duh. On je bio duhovno biće koje je živelo u drugom nebu i imao je vlast da vlada nad svim stvarima koje su bile u Prvom nebu.

Na isti način, ako možemo da imamo ljubav i pravdu Božju koja pripada četvrtom nebu, mi možemo da manifestujemo moć Božju koja pripada četvrtom nebu i da idemo van ljudskih ograničenja. Zato je Isus obećao u Jevanđelju po Jovanu 14:12: *„Zaista, zaista vam kažem: koji veruje Mene, dela koja Ja tvorim i on će tvoriti, i veća će od ovih tvoriti; jer Ja idem k Ocu Mom."*

Dela kreacije zauzimaju mesto u Božjem prostoru

Mi možemo da ispunimo sve kako želimo u prostoru Božjem. Iznad svega, postojaće dela kreacije. Kada je Bo napravio neba i zemlju i sve stvari u njima, to su bila dela kreacije. Isus je takođe manifestvovao dela kreacije jer je On posedovao prostor Božji. Jedan od najboljih primera Njegovog prvog znaka u Njegovom službovanju, je kada je vino napravio od vode.

Jednog dana On je otišao na venčanje, i njima je nestalo vina. Devica Marija se osećala žalosno zbog domaćina i pitala je Isusa za pomoć. U početku izgledalo je da će On odbiti Marijinu molbu. Ali marija nije postala razočarana već je pokazala njenu nepromenljivu veru. Ona je veoma dobro znala ko je bio Isus i da je On više nego mogao da napravi vino od vode. Marija je verovala da je već dobila odgovor od Isusa i tako je ona rekla slugama da urade sve što Isus kaže.

Isus je video veru Marijinu i rekao je slugama da napune vodom ćupove. Kada su sluge napunile šest ćupa sa vodom, Isus im je rekao da privuku neke i da ih odnesu do glavnih sluga. Dok su sluge odnele vodu do glavnih slugu voda se pretvorila u vino. Samo sa sakrivanjem u srcu, voda u šest ćupova se pretvorila u vino.

U prostoru Božjem takva dela kreacije mogu da zauzmu mesto samo dok se sklone u srcu. Naravno, Isus je pokazao takva dela kreacije kada je to bilo pogodno u skladu sa pravdom Božjom i ne samo kada je to trebalo. Znak je bio izvodljiv zbog savršene vere Marijine koja je bila dobro i dovoljna da se ispuni pravda Božja.

Isus je nahranio hiljadu ljudi sa pet vekni hleba i dve ribe, a drugi put sa sedam vekni hleba i dve ribe. Koja je pravda Božja zahtevana za ovaj znak ovde? *„A Isus dozvavši učenike svoje reče: Žao mi je ovog naroda, jer već tri dana stoje kod mene i nemaju šta jesti; a nisam ih rad otpustiti gladne da ne oslabe na putu"* (Jevanđelje po Mateju 15:32).

Hiljade ljudi je ostajalo sa Isusom tri uzastopna dana žudeći da čuju Njegove poruke. Oni su slušali Isusa i radovali se zajedno kada su bolesni ljudi bili izlečeni. Njihova vera u Isusa je bila savršena makar u tom trenutku. Na osnovu ove njihove vere, Isusova ljubav je bila dodana da bi ispunila pravdu Božju da bi dela kreacije bila moguća.

Sareptijeva udovica je iskusila dela kreacije

Slična dela kreacije su spomenuta takođe u 1 Knjizi Kraljevima 17. Kada je Ilija otišao u Sidon i sreo se sa udovicom Sarepta u povinovanju Reči Božjoj, ona je bila pogođena siromaštvom. Kroz dugu nestašicu, oni su ostali bez hrane. Ona je imala samo ruku punu brašna i vrlo malo ulja. Ilija joj je rekao da ispeče hleb sa tom zadnjom količinom hrane koju je imala, dajući joj reč blagoslova. *„Jer ovako veli GOSPOD Bog Izrailjev: Brašno se iz zdele neće potrošiti niti će ulja u krčagu nestati dokle ne pusti GOSPOD dažda na zemlju"* (1 Kraljevima 17:14).

Kada je čula ovo, udovica Sarepta nije dala prigovore već se pokorila. Ona nije bila u situaciji da to učini ako mi razmišljamo zdravim razumom. Ona je bila u situaciji da umre nakon što pojede poslednju hranu koju je imala, i ovaj čovek je to tražio. Ona je mogla da misli da je on bestidan. Ali ona nije. Bog je dotakao njeno srce i dozvolio joj da zna da je on čovek od Boga, i ona se povinovala onome što je on rekao.

Koju vrstu blagoslova je ona dobila kao rezultat? 1 Kraljevima 17:15-16 kaže: *„I ona otide i učini kako reče Ilija; i jede i ona i on i dom njen godinu dana. Brašno se iz zdele ne potroši niti ulja u krčagu nesta po reči GOSPODNJOJ, koju reče preko Ilije."*

„Godinu dana" ovde ne znači samo nekoliko dana već dugi vremenski period. Brašno i ulje koje se nikada ne troši je delo kreacije. Onda, kako je Ilija manifestvovao takvo delo kreacije, koje može biti manifestvovano samo u prostoru Božjem?

Ilija nije posedovao prostor Božji, ali na kraju tog momenta, on je pročitao i dobio neograničeno srce i volju Boga. „Neograničeno" ovde znači da je on čitao Božje srce u određenim stvarima za određeni momenat u vremenu. Ponekad Bog dozvoljava da ljudi čitaju srce Boga da bi ispunili Njegovu volju.

Jelisej je dobio duplu porciju od svog gospodara inspiracijom Ilije, ali kada Bog nije dozvolio da on razume, on nije ni znao zašto je žena Sulamka imala uznemireno srce. Ona je rodila sina zato što je služila Božjem čoveku Jeliseju svim njenim snagama. Ali njen sin je uskoro umro i kada jeste, ona je samo otišla odmah kod Jeliseja. Ali dok mu nije rekla šta se dogodilo, on nije znao koja je njena nevolja bila. *„A kad dođe k čoveku Božjem na goru, zagrli mu noge. A Gijezije pristupi da je otera; ali čovek Božji reče: Ostavi je, jer joj je duša u jadu, a GOSPOD sakri od mene i ne javi mi"* (2 Kraljevima 4:27).

Kako bi pročitalo Božje srce i koristili Njegov prostor, presudno je da kultivišemo srce celog duha kako bi verovali u potpunosti Bogu i povinovali se potpuno Njemu. Razlog zbog koga su proroci kao što su Ilija, Avram, Mojsije i Pavle koristili prostor Božji je zato što su oni imali srce Boga. kada im je Bog zapovedio da urade nešto, oni su razumeli Božju nameru koja je bila utisnuta u toj zapovesti. Oni su osetili kako bi Bog radio i oni su mogli da zamisle to u svojim mislima, jer su imali duhovnu veru.

Ilija je smelo objavio živog Boga i doveo je na zemlju vatru neba zato što je osetio u njegovom srcu šta bi Bog učinio. To je bilo isto kao i kada je pitao udovicu Sarepta da mu da njenu poslednju hranu. Ako imamo potpuno verovanje u Boga, mi možemo da se pokorimo čak i stvarima koje ne daju nikakav smisao, i kada to učinimo, to će biti učinjeno kako je Bog rekao. Dela kreacije zauzimaju mesto za udovicu zato što oboje i udovica i Iloija su ispunili meru pravde Božje.

Udovica je verovala čoveku Božjem, Iliji, i ona je verovala njegovoj reči kao samoj Reči Boga. Ona se pokorila njegovoj reči bez ustezanja i bez upotrebe ljudskih misli. Na ovaj način, ona je mogla da učestvuje u prostoru Božjem koje je Ilija upotrebio.

U 2 Knjiga Dnevnika 20:20 čitamo:

> *Verujte GOSPODU Bogu svom i bićete jaki. Verujte prorocima Njegovim i bićete srećni.*

Ilija koristi Božji prostor, koji pripada isključivo Bogu, verujući Njemu potpuno. Udovica je verovala ovome Iliji, i prema tome prostor Božji došao je dole nad njima, i oni su videli dela kreacije. Kao u oba slučaja, Bog pokriva ljude sa prostorom Božjem, ako sa verom i pokoravanjem oni postaju ujedinjeni sa čovekom Božjim koji koristi prostor Boga.

Danilova tri prijatelja nepovređena u peći

tri prijatelja Danilova bila su bačena u peć samo zato što se nisu klanjali idolu. Peć je bila sedam puta vrelija od one obične, i vojnici koji su išli blizu peći da bi ih bacili unitra izgoreli su do smrti. Očigledno ova tri čoveka trebala su da budu takođe izgorena. Ali šta se u stvari dogodilo?

Danilo 3:24-25 kaže: „*Tada se prepade car Navuhodonosor, i brže ustav progovori i reče svojim dvoranima: Ne bacismo li tri čoveka svezana u oganj? Odgovoriše i rekoše caru: Da, care. Odgovori i reče: Eno! Vidim četiri čoveka odrešena gde hode posred ognja i nije im ništa, i četvrti kao da je Sin Božji.*“

Svakako postojalo je tamo tri čoveka koja su bačena u peć, ali tamo je bilo četiri čoveka. Kralj je mislio da je jedan od njih bio poput sina bogova. Uglavnom ljudi ne mogu da vide duhovna bića, ali Bog je otvorio kraljeve duhovne oči i dozvolio mu je da vidi tamo duhovno biće. nakon što su tri čoveka izašla iz peći, ljudi su videli u odnosu na ove ljude da vatra nije imala efekta na tela ovih ljudi niti im je kosa bila oprljena, niti je njihova odeća bila oštećena, niti je čak miris vatre bio na njima (Danilo 3:27).

Kako je mogla takva stvar da se dogodi? Razlog zbog koga su Danilovi prijatelji bili zaštićeni je taj da ih je prekrio prostor Božji. Mi možemo da da zaključimo iz fraze da je čovek „poput sina bogova“ bio sa njima. Naravno, to nisu „bogovi“ već samo Bog, ali Navuhodonosor je tako rekao jer je on bio vernik nejevrejskih bogova.

Onda, ko je bio ovaj sin bogova? To je bio Bog Sveti Duh. Bog Sveti Duh Sam je došao nad njima i Božji prostor je prekrio ovaj fizički prostor.

Mojsije je promenio gorku vodu Maraja u slatku vodu

U Izlazku poglavlje 15 je scena gde se gorka voda Maraja pretvorila u slatku vodu, i ovo je takođe događaj učinjen u Božjem prostoru. Sinovi Izraela prošli su Crveno more i došli su do divljine, i nisu mogli da nađu nimalo vode tri dana. Oni su našli vodu u Maraji, ali je bila gorka i nije bila za piće. Sada oni su se žalili protiv Mojsija. Kada se Mojsije molio za to, Bog mu je pokazao drvo. Kada ga je pretvorio u vodu, voda se pretvorila u slatku. Da li je to da je drvo imalo neke elemente koji su mogli da promene ukus vode? Ne. Bog je prekrio tu vodu sa prostorom Božjem i manifestvovao je dela kreacije imajući u vidu veru i pokornost Mojsija.

Ista vrsta dela kreacije je bila manifestvovana u našoj crkvi takođe odala je veliku slavu Bogu. Ja sam se molio u Seulu da se slana voda Muana pretvori u slatku vodu, i molitvama je bilo odgovoreno.

Voda je bila iz bunara u Muan Manmin crkvi. To je smešteno u Heje Mion, Muan Gonm, Jeonam provincija. To je bilo potpuno okruženo morem, i kada su iskopali bunar, oni su mogli samo da dobiju slanu vodu. Oni su postavili cevovod 3km od mesta da bi dobili svežu vodu, ali ipak im je falila voda za piće. Članovi Muan Manmin crkve su se setili znakova manifestvovanih u Mareji i verovali su da ista stvar može njima da se dogodi, i oni su se molili da se to dogodi. Oni su me pitali mnogo puta da dođem u Muan i da se molim da se slana voda pretvori u slatku vodu.

Februara 2000 god., ja sam obavljao desetodnevnu molitvu na planini, i ja sam se naročito molio za Muan Manmin crkvu. Za vreme tog vremena članovi Muan Manmin crkve su takođe sproveli prenosni post da bi se molili za crkvu i mene, i oni su bili svedoci kružne duge iznad njihove crkve svaki od deset dana.

Nakon što sam ja završio molitvu na planini, ja sam bio inspirisan Svetim Duhom da slanu vodu Muana pretvorim u slatku. Ja nisam išao u Muan da se molim za bunar lično, već Bog je delovao prolazeći kroz vreme i prostor da promeni slanu vodu u slatku.

Moja molitva i vera članova crkve Muan Manmina ispunili su pravdu Božju i učinili mogućim ovo delo kreacije. Još i danas bunar Muan Manmin crkve pruža slatku vodu. To je zbog toga što je prekriveno prostorom Boga Stvoritelja. Muanova slatka voda je testirana FDA iz Sjedinjenih Američkih Država da bi dokazali da je zdrava voda koja je bogata mineralima. Postoje takođe mnoga dela isceljenja koja su dešavaju kroz vodu da povorka hodočasnika nikada ne prestaje.

Mrtvi su oživljeni

Prostor Boga ne pokazuje samo dela kreacije već takođe kontroliše život i smrt. On može da oživi mrtve ili da ubije žive. On je za sve što ima život— bilo da su biljke ili životinje.

Brojevi poglavlje 17 pišu o štapu Arona koje pupi. To je bilo moguće zato što je bilo prekriveno prostorom Božjim. Suvi štap podiže pupoljke i proizvodi cvetove, i nosi zrele bademe u toku jednog dana. Čak i za živo drvo, trebalo bi mu nekoliko meseci da to učini, ali to se dogodilo za jedan dan, i to je bilo suvo drvo koje proizvelo voće. To je bilo moguće zato što je štap bio prekriven prostorom Božjim.

Kada je Isus prokleo drvo smokve, ono je umrlo uskoro, i to se takođe dogodilo zato što je bilo prekriveno prostorom Božjim. „*...i ugledavši smokvu jednu kraj puta dođe k njoj, i ne nađe ništa na njoj do lišće samo, i reče joj: Da nikad na tebi ne bude roda do veka. I odmah usahnu smokva. I videvši to učenici diviše se govoreći: Kako odmah usahnu smokva!*“ (Jevanđelje po Mateju 21:19-20)

To je bio slučaj i kada je takođe Isus oživeo mrtvog Lazara. U Jevanđelju po Jovanu poglavlje 11 mi čitamo da je Lazar bio mrtav već četiri dana i njegovo telo je već imalo neprijatan miris. Ali kada ga je Isus pozvao da izađe, njegov duh se vratio u njega, i njegovo trulo telo je bilo regenerisano. Čak nemoguće u fizičkom prostoru može biti moguće u trenutnom prostoru Božjem.

Postojao je mladi dečak u našoj crkvi koji je potpuno izgubio vid na jednom oku, ali njegov vid se povratio. On je imao operaciju katarakte na njegovom levom oku kada je imao tri godine, ali kao sporedni efekat imao je i odvajanje mrežnjače. Njegova mrežnjača je bila van okulara i on nije mogao dobro da vidi. Da bi se još više pogoršalo, on je takođe imao osušen koren, ili suženje oka. Na kraju on je potpuno izgubio vid na levom oku

2006 godine.

Ali Jula 2007.god., on je povratio njegov vid kroz molitve. Njegovo levo oko nije moglo čak n da oseti svetlost, ali on je dostigao vid do 0.1. Njegova očna jabučica je takođe povratila normalnu veličinu. Šta više, njegovo desno oko je imalo dioptriju 0.1 ali je napredovalo do 0.9. Ovaj slučaj je predstavljen zajedno sa medicinskom dokumentacijom na više od 220 doktora iz 41 države na 5. Internacionalnoj Hrišćanskoj Medicinskoj konferenciji održanoj u Norveškoj, i bilo je izabrano kao najuzbudljiviji slučaj pored mnogo drugih slučajeva predstavljenih na konferenciji. (Molimo indeksni tekst)

Isti princip važi i za ostale organe, tkiva i nerve. Čak iako su nervi ili ćelije ili tkiva mrtvi tokom nesreće ili bolesti, oni mogu da postanu normalni ako su prekriveni prostorom Božjim. Čak i nesposobnost može biti povraćena u prostoru Božjem. Šta više, bolesti koje su uzrokovane bakterijama ili virusima kao što su rak, SIDA, tuberkoloza, grip ili temperatura, mogu biti izlečene u prostoru Božjem.

U slučajevima bolesti, vatra Svetog Duha dolazi i spaljuje prvo sve bakterije ili viruse. Onda, deo tela koje je oštećeno tokom bolesti se oporavlja. Čak i za neplodne parove, ako deo tela koje ima problem je prekriveno prostorom Božjim i oporavlja se, oni su uspeli u začeću. Ali da bi bio izlečen od bolesti i nemoći u prostoru Božjem, svako mora da prikupi kvalifikacije Božje pravde.

Dela koja prevezilaze vreme i prostor

Dela moći manifestvovana u prostoru Božjem mogu biti učinjena prevazilaženjem granica vremena i prostora. To je moguće zato što prostor Božji pokorava i prevazilazi druge dimenzije. Psalmi 19:4 kažu: „*Po svoj zemlji ide kazivanje njihovo i reči njihove na kraj sveta. U njima je On postavio stan suncu.*“ Ovo znači da izgovorena Reč Božja od Četvrtog neba odlazi do kraja sveta.

Čak i velika razdaljina u Prvom nebu, fizički prostoru, je praktično isti kao i da nije razdaljina u prostoru Božjem. Svetlost putuje oko zemlje sedam i po puta u sekundi. Ali svetlost Božje moći može da dostigne ne samo Zemlju već takođe i kraj univerzuma samo dok se namigne sa jednim okom. Fizička razdaljina nema nikakvo značenje u prostoru Božjem.

U Jevanđelju po Mateju poglavlje 8, centurion je došao kod Isusa i pitao je Njega da izleči bolest jednog od njegovih slugu. Isus je rekao da bi pošao sa njim, ali je rekao: „ *Gospode! Nisam dostojan da pod krov moj uđeš; nego samo reci reč, i ozdraviće sluga moj*“ (stih 8). Tako da, Isus je njemu odgovorio: „*Idi; i kako si verovao neka ti bude*“ (stih 13). Samo u trenutku sluga je bio izlečen.

Bolesna osoba je bila izlečena dok je bila na drugom mestu kada je Isus samo zapovedio sa Njegovim Rečima, zato što je On posedovao prostor Božji. Centurion je mogao da dobije takve blagoslove zato što je potpuno pokazao veru u Isusa. Isus je naredio svojo veri, govoreći: „*Zaista vam kažem: ni u Izrailju tolike vere ne nađoh*“ (stih 10).

Za onu decu koja su ujedinjena sa Njime u veri Bog uvek pokazuje dela Njegove moći prolazeći kroz vreme i prostor. Sintija u Pakistanu je umirala zbog crevnih smetnji i celijačne bolesti. Sintijina sestra je bila u Koreji u to vreme, i ona je donela meni Sintijinu slika da bi primila moju molitvu preko slike. Izlečenje se dogodilo izvan ograničenja vremena i prostora. U Sjedinjenim Državama, Robert Džonson je takođe primio izlečenje prevazilazeći vreme i prostor. On je prekinuo Ahilovu tetivu za vreme pada. On nije mogao da hoda zbog ogromnog bola. Njemu je rečeno da je operacija neophodna da bi se izlečio, ali nošenjem samo kalupa, on se potpuno oporavio bez hirurške procedure za samo devet nedelja kroz molitvu koja je bila za njega u Koreji. Ovo je bilo delo Božje moći manifestovane u prostoru Božjem.

Izvanredna dela Apostola Pavla

U Delima Apostolskim poglavlje 19, kaže se da je Bog izvodio neverovatna čuda sa rukama Pavla. Kada je on zapovedio u ime Isusa Hrista, zle duše su odlazile i dela izlečenja su se dogodila čak i sa maramicom ili kada ih je dodirnula njegova kecelja. On nije bio ugrožen ugrizom otrovne zmije, i on je takođe prorokovao. „*Bog je činio izvanredna čuda sa rukama Pavla, tako da kad bi se maramice ili kecelje sa njegovog tela samo donele do bolesnih, bolesti su ih napuštale i zli duhovi bi izašli napolje*“

(Dela Apostolska 19:11-12).

Isto tako, Božja moćna dela se događaju čak i kroz predmete kao maramica u prostoru Božjem. Koliko veličanstveno! Postoje mnogo dela izlečenja koja se događaju kroz maramicu na kojoj se takođe ja molim. Moć Božja nikada ne nestaje ili se guši bez obzira na tok vremena sve dok pravda Božja nije ugrožena. Prema tome, maramica koja sadrži moć Božju je nešto veoma dragoceno i može otvoriti prostor Božji u odnosu na vreme i mesto.

Ali ako se koristi na bezbožnički način od osobe koja nema veru, ni jedno delo Božje neće biti manifestvovano. Ne samo da jedan koji se moli sa maramicom već i onaj koji se moli na njoj mora da se susretne sa kvalifikacijama Božje pravde. Oni moraju da veruju da moć Božja je u stvari sadržana u njoj. Vera onoga koji se moli za bolesnu osobu i vera bolesnog čoveka biće pravedno izmerena, i dela Božja biće manifestvovana sve dok su u skladu sa pravdom Božjom.

Isus Navin je zaustavio sunce i mesec

Razlog zbog koga veća dimenzija može da oslabi nižu dimenziju je taj da se snaga svetlosti i tok vremena razlikuju. Veća dimenzija prostora, sjajnija svetlost, i brži tok vremena. Svetlost Četvrtog neba je sjajnija i onda Trećeg i Drugog neba.

Što se toka vremena tiče, brže je u Drugom nebu nego u Prvom nebu, i čak je i brže u Trećem nebu. Ali u Četvrtom nebu ono može biti i brže ili sporije. S njim će se rukovati onako kako to Bog želi u svom srcu. Bog može da ga proširi, skrati ili čak i da ga zaustavi.

Dela stvaranja, vraćanje mrtvih u žive i božansko isceljenje se dešavaju prevazilazeći vreme i prostor a sve je to izvodljivo zbog toga što se protok vremena zaustavlja. Zbog toga se određeni događaj može odigrati odmah nakon što je zamišljen u srcu ili odmah nakon što je izdata naredba.

Kada je Isus Navin imao bitku sa Amorejcima, sunce i mesec su zastali, i to je bilo „širenje toka vremena." Isus Navin 10:13 kaže: „*I stade sunce i ustavi se mesec, dokle se ne osveti narod neprijateljima svojim.*" Ovo je bilo kada je Isus Navin imao bitku protiv Amorejaca za vreme osvajanja zemlje Kana. Koji je bio faktor koji je uzrokovao da sunce i mesec zastanu ceo dan u Prvom nebu?

Zemlja sama mora da se okrene jednom na dan, a da bi sunce stalo, i Zemlja mora da prestane sa okretanjem. Ako Zemlja prestane da se okreće čak i jedan momenat, uticaj će biti veliki ne samo za samu Zemlju ali takođe i za mnoga božanska tela. Ali kako je moglo sunce da stane ceo dan?

Mi možemo da nađemo odgovor u prostoru Božjem. U tom trenutku, Bog je prekrio ne samo Zemlju već i celo Prvo nebo sa prostorom Božjim. Na ovaj način, makar i na trenutak, sve u Prvom nebu je bilo sinhronizovano sa tokom vremena u duhovnom kraljevstvu. To je prošireni tok vremena. Sunce je zastalo tokom celog dana, tako da su ljudi možda osetili kao da je prošlo mnogo vremena. Ali u stvari, to je mogao da bude samo jedan minut, ili čak jedan sekund.

U to vreme, celo Prvo nebo je bilo u toku vremena duhovnog kraljevstva, tako da fizički tok vremena nije nimalo delovao. Čak iako je samo poseban deo Prvog neba a ne ceo deo Prvog neba je bio prekriven prostorom Božjim, ne bi postojali nikakvi problemi, zato što drugi delovi fizičkog prostora bi bili po uticajem toka vremena fizičkog prostora.

Ilija je trčao brže od kraljevih kočija

U Bibliji, mi možemo da vidimo slučaj u kome je neko bio u skraćenom toku vremena. To je bilo kada je Ilija trčao ispred kočija kralja Ahaba, što je zapisano u 1. Knjiga Kraljevima 18. Uskraćeni tok vremena je suprotan produženom toku vremena. Pretpostavimo da je neko prekriven prostorom Četvrte dimenzije jedan sat u fizičkom vremenu. U prostoru Božjem, on može da skrati ovaj sat kako želi. Ako on skrati na 30 minuta, to ne znači da će 30 minuta nestati. To znači da je jedan sat sabijeno u 30 minuta.

Na primer, pretpostavimo da ste obukli 100 metara dugačko dugačko platno, i da trčite sa jednog kraja do drugog, i da za to treba 20 sekundi. Onda, ako skratite platno na polovinu, koliko će vam trebati? To je 50 metara, tako da će vam trebati 10 sekundi. Ako skratite platno ponovo, dužina je skraćena, i vreme je skraćeno. Ali platno nije nestalo.

To je nekako slično sa skraćenjem vremena u prostoru Božjem. Ilija je trčao svojom brzinom, ali on je mogao da trči brže od kočija kralja zato što je on bio u skraćenom toku vremena. Obično, komercijalni avioni mogu da lete brzinom od 900 km/h, ali putnici u avionu ne mogu da osete brzinu.

U 1. Kraljevima 18:46 čitamo: *„A ruka GOSPODNJA dođe nad Iliju, i on opasavši se otrča pred Ahavom dokle dođe u Jezrael.* " Kralj Ahab je žurio u njegovim kočijama da bi izbegao kišu, a Ilija je trčao brže od ovih kočija. On je mogao da trči brže od kočija zato što je koristio prostor Božji koji nema ograničenje vremena i prostora. Biblija kaže da „ruka GOSPODA je bila nad Ilijom." Uz moć Božju, Ilijino telo je bilo prekriveno Njegovom moći i nešto van ljudskog ograničenja se dogodilo.

Kretanje kroz duhovni prostor

U Delima Apostolskim poglavlje 8, Filip je dobio vođstvo Svetog Duha da se sretne sa Etiopskim evnuhom na putu za Jerusalim. On je propovedao jevanđelje Isusa Hrista ovom evnuhu i čak ga je krstio. Filip je bio u pustinji na putu ka Gazi ali u momentu on se stvorio u Azotu. To je ustvari bilo kretanje kroz duhovni prostor slično „teleporaticiji." *„A kad iziđoše iz vode, Duh Sveti pade na uškopljenika, a anđeo Gospodnji uze Filipa, i više ga ne vide uškopljenik; nego otide putem svojim radujući se. A Filip se obrete u Azotu; i prolazeći propovedaše jevanđelje svima gradovima, dok ne dođe u Ćesariju"* (Dela Apostolska 8:39-40).

Da bi se dogodila teleportacija, jedan mora da ide kroz duhovne hodnike koji su formirani u prostoru Božjem. Kako se protok vremena zaustavlja u tom duhovnom hodniku, jedan može biti teleportovan.

Bog je dozvolio članovima moje crkve da indirektno iskuse ovu vrstu kretanja u duhovnom prostoru. To je bilo kroz viline konjice. Vilin konjic koji su bili iz druge oblasti došli su do mesta gde smo mi bili i nestali kroz duhovni hodnik napravljen u prostoru Božjem.

Roj vilinih konjica se pojavio gde smo mi vodili naše letnje sklonište, i oni su jeli komarce i ostale štetne insekte. U to vreme, starili vilini konjici kretali su se od mesta do mesta. To je bilo 2006.god., kada se kretanje vilinih konjica pojavilo na ovaj način. Ovo može biti svrstano u horizontalno kretanje i vertikalno kretanje, u skladu sa vrstom duhovnog hodnika.

Ono što je još više veličanstvenije je kada su članovi crkve dozivali viline konjice, oni se nisu plašili od ljudi već su stajali na njihovim prstima ili drugim delovima tela članova crkve. Vilini konjici su korisni zato što jedu štetne insekte leti. Ja se sećam da za vreme mog detinjstva je bilo veoma teško da se uhvati makar jedan vilin konjić. Oni bi odleteli kada bi osetili makar delić ljudskog prisustva. Već neko vreme bilo je veoma teško da se vidi jedan vilin konjic u Seulu, i pojavljivanje roja vilinih konjica je svakako delo Božje.

Sledeće godine, 2007, vilini konjici su počeli da se pojavljuju u ranom mesecu Julu. Vilini konjici su se obično pojavljivali od kasnog leta sve do jeseni. Dok su vilini konjići koji su još bili larve prolazili kroz duhovne hodnike, ove larve su sazrevale i postajale odrasle. Kako su prolazili kroz četvorodimenzionalan prostor, njihov rast je bio ubrzan. Tako da, vilini konjici su mogli da se pojave ranije u toj godini nego obično.

Šta više, 2008.god., ne samo vreme njihovog pojavljivanja već i broj vilinih konjica bio je kontrolisan. Beskonačni rojevi vilinih konjica počeli su da se sipaju iz neba počevši od prve nedelje jula. Različite misonarske grupe naše crkve imale su svoje letnje povlačenje u različitim lokacijama u Južnoj Koreji, i svi članovi crkve su bili svedoci dolasku vilinih konjica vertikalno iz sunčevog okruženja. Vilini konjici nisu išli na druga lokalna mesta. Oni su dolazili dole i ostajali su na mestima gde su mogli da se spuštaju i gde su mogli da budu viđeni dok sede na rukama, licima, ili ramenima članova crkve.

Tema letnjeg povlačenja te godine je bila „duhovni prostor," i radost vernika je bila ogromna. Oni su mogli da razumeju poruku jer su imali pravi primer vilinih konjica kroz duhovni prostor i kako dolaze do njih. Kroz ovo povlačenje vera članova crkve porasla je na viši nivo. Ista vrsta dela se dogodila za sve ogranke crkve ne samo u Koreji već širom sveta.

Ista vrsta događaja se dogodila u leto 2009.god., takođe. Svaka grupa misionara imali su svoja obična letnja povlačenja, i postojalo je više vilinih konjica koji su se pojavljivali nego predhodnih godina. Vernici su mogli da vide desetine hiljada vilinih konjica koji su dolazili dole iz sunčevog okruženja, kroz duhovni prostor koji je bio otvoren. Kako su oni dolazili dole sa nebeskog svoda oni su sijali i izgledali su kao snežne pahuljice.

Kada su sinovi Izraela prelazili Crveno more koje je bilo podeljeno jakim vetrom, duhovni hodnik je tada formiran za njih. Koliko jak vetar je morao biti da bi podelio more na dva dela! Čovek ne bi mogao da stoji tamo od jakog vetra. Ali više od dva miliona Izraelaca mirno je prošlo kroz sredinu vetrova. Ovo je zato što je duhovni hodnik bio formiran da blokira vetar koji bi povredio ljude. Onda, šta se dogodilo kada su oni prešli reku Jordan da bi otišli u zemlju Kana?

Isus Navin 3:15-16 kaže: *„I kad oni što su nosili kovčeg dođoše do Jordana, i sveštenici noseći kovčeg okvasiše noge svoje na kraju vode (jer je Jordan pun preko bregova svojih za sve vreme žetve), zaustavi se voda što je tekla odozgo, i stade u jednu gomilu vrlo nadaleko, kod grada Adama, koji je kraj Zaretana; a što je teklo dole u more kraj polja, more slano, oteče sasvim. I narod prelažaše prema Jerihonu.“*

Od tačke gde su sinovi Izraela bili, vode uzvodno su se samo uzdigle u jednu gomilu a nizvodne su nastavile da teku. U to vreme, duhovni prostor je bio napravljen u obliku sličnu poput brane.

Različiti načini u kojima su duhovni prolazi korišćeni

Ako mi možemo da koristimo ovaj duhovni hodnik veoma dobro, mi takođe možemo da kontrolišemo i vremenske uslove. Na primer, pretpostavimo da pate dve različite oblasti, jedna od poplave a druga od suše. Onda, ako pomerimo kišne oblake iz oblasti gde su poplave do oblasti gde je suša, mi možemo da rešimo problem u obe oblasti.

Neočekivani pljusak u Izraelu je takav primer. U Septembru 2009.god., ja sam se molio za određene stvari dok sam se pripremao za pohod u Izrael. Izrael je imao teška vremena za vreme nekoliko suša koje su se dešavale pet godina unazad. Pastori u Izraelu su objasnili svoju situaciju i rekli su mi da se molim za to.

U takvom zahtevu, koji je na nivou nacionalnog interesa, je da bi se odgovorilo, postoje neki uslovi koji moraju biti ispunjeni. Ovo je da predsednik ili jednaki lideri na nivou moraju da traže molitvu sa verom, ili da većina ljudi traži molitvu sa verom. Ali osećajući se veoma žao zbog njihove situacije ja sam se samo molio prvog i drugog dana pohoda za pljusak u Izraelu da ugasim njihovu sušu.

Koji je bio ishod? Izrael je imao jasnu razliku između kišne sezone i sezone suše. Septembar je bila sezona suše, i retko kada pada kiša u Septembru. Ponekad možda počinje da pada kiša na početku kasnog oktobra, a prava kišna sezona je od decembra do februara. Takođe, kroz veoma dugu sušu, nivo mora Galilejskog dostiže najnižu crvenu liniju, koja je 208 metara. Ovo je najniži nivo u kojem voda više ne može biti izjednačena sa morem.

Ali jednog dana kada se pohod završio, severni deo Izraela je imao kišu. Septembra 13., u nedelju, oni su imali značajni pljusak u Jerusalimu i takođe u Tel Avivu. Izraelski Pastori su se radovali i davali su salvu Bogu govoreći da su dobili kišu zahvaljujući mojim molitvama. Ali to nije bilo gotovo. Oni su imali više padavina sledeće nedelje, i Izraelski odsek za vodovod je rekao da je količina padavina samo u dva dana dostigla isti prosek padavina kao u oba i u septembru i oktobru mesecu. To nije bilo nešto moguće u skladu sa pravdom Božjom, ali Bog je čuo molitvu i iznad pravde On je dozvolio njima da imaju kišu.

Postoje takođe i mnogo tajfuna i uragana koji donese nesreće na ovom svetu. Ako mi možemo da pomerimo kurs tajfuna ili uragana ka nenaseljenim oblastima, neće postojati nikakav problem.

Dva tajfuna su se približavala Filipinima kada sam ja tamo otišao u pohod 2001.godine. 16. tajfun „Nari" i 19. tajfun „Lekima" su se približavali Filipinima sa uraganskom jačinom vetrova. Ako bi tajfun trebao da dođe na osnovu prognozirane putanje, mi ne bi mogli da imamo pohod. Na konferenciji za štampu tamo, reporteri su me pitali da li će pohod biti moguć s obzirom na tajfune.

U to vreme ja sam rekao: „Tajfuni će nestati ili će promeniti svoju putanju. Neće biti nikakvog tajfuna niti kiše za vreme pohoda, tako da molim vas, pokušajte da posetite pohod." Nari je nestao baš pre pohoda a Lakima je odjednom promenila svoj kurs i samo je prošla pored Filipina. Mi smo mogli da održimo pohod bez ikakvih problema.

Mi smo mogli da zaustavimo ne samo tajfune već i prirodne katastrofe kao što su vulkani ili zemljotresi ako smo koristili duhovni prostor. Mi možemo samo da pokrijemo vulkansku erupciju ili zemljotres sa prostorom Božijim i ove stvari mogu biti moguće kada je je to potrebno u skladu sa pravdom Božjom. Na primer, da bi se zaustavile bolesti koje uzrokuju uništenje na nacionalnom nivou, nivou, vođa zemlje bi trebao da traži molitvu. Takođe, čak iako je otvoren duhovni prostor, pravda Prvog neba ne može biti potpuno ignorisana. Dela duhovnog prostora biće ograničena do mere gde neće biti zabuna u Prvom nebu nakon što se duhovni prostor uzdigne. Bog vlada nad svim nebesima sa Njegovom svemoćnošću, i On je Bog ljubavi i pravde.

Ljubav koja premašuje pravdu

U Postanku poglavlje 18 mi možemo da pročitamo da je Bog predskazao Avramu šta će se dogoditi povodljivoj Sodomi i Gomori. *„I reče Gospod: Vika je u Sodomu i Gomoru velika, i greh je njihov grdan. Zato ću sići da vidim eda li sve čine kao što vika dođe preda Me; ako li nije tako, da znam"* (Postanak 18:20-21).

Sodoma i Gomora su morale biti kažnjene za njihove grehove u skladu sa pravilima pravde, ali Bog je dozvolio Avramu da zna za to unapred zato što je njegov nećak Lot živeo tamo. To je bilo srce Boga koji je želeo da im da drugu šansu. Ovo je ljubav i pravda Boga.

Onda, Avram je pitao Boga pet puta da spasi Sodomu. Najpre, on je tražio da je ne uništi ako tamo ima samo pedeset pravednih ljudi, a onda četrdeset i četiri, pa četrdeset, pa trideset, dvadeset pa na kraju brojka je otišla dole samo do njih deset. *„Najposle reče: Nemoj se gneviti, GOSPODE, što ću još jednom progovoriti; može biti da će se naći deset? Reče: Neću* *ih pogubiti radi onih deset*" (Postanak 18:32).

Kao upravo takvo biće Avram je smelo mogao da pita to Boga. Ovo nam pokazuje da je on imao srce Gospoda i da je postao jedan sa Bogom. On je pitao sa najiskrenijom ljubavi da dotakne srce Boga i da spasi ljude, i Bog je bio dotaknut njegovom ljubavi i obećao je da će uraditi kako je tražio.

Bog deluje s ljubavlju iznad granica pravde. Tako da, On je želeo da pokaže milost i saosećanje čak i kada je kaznio Sodomu i Gomoru, i On je dao drugu priliku s ljubavlju koja prevazilazi pravdu kroz molitvu pravednosti čoveka Avrama.

Sodoma i Gomora su na kraju bile kažnjene zbog toga što nisu imale čak ni deset pravednih čoveka među njima, ali Avramov nećak Lot i njegova porodica bili su spašeni. To je zato što je Lot bio u prostoru Avrama, koji je bio veoma voljen od Boga. Drugim rečima, zato što je Bog veoma voleo Avrama, Bog je prekrio Lota i njegovu porodicu sa duhovnim prostorom razmišljajući o Avramu.

Kao što je objašnjeno, sve može biti kontrolisano u ljubavi i pravdi Boga u prostoru Božjem. Ljubav anulira pravdu bez da je narušava. Da bi učinili da se takve stvari dogode, jedan mora da kultiviše srce koje je u skladu sa pravdom četvrtog neba. Naime, kada jedan kultiviše srce koje je jedno sa Božjim srcem, on može da pokaže dela Božja koja idu izvan pravde bez napadanja pravde Četvrtog neba.

Problem je kako jedan može da kultiviše srce Boga. Sve dok se ovo ne učini, sa samo verom i ljubavi jedan mora da prevaziđe neverovatna iskušenja koja su nezamisliva za čoveka. On mora da plati cenu u skladu sa pravdom Božjom, prolazeći kroz svaki korak u iskušenjima, sve dok ne počne da koristi prostor Božji kada nauči pravdu Četvrtog neba.

Avram je takođe imao mnogo iskušenja i testova sve dok nije nazvan „prijateljem Božjim." Kada je napunio sedamdeset pet godina Bog mu je rekao da će se velika nacija stvoriti kroz njega, ali više od dvadeset godina on nije mogao da začne dete. Ali kada je imao devedeset devet godina, kada je Sara imala osamdeset devet i nije mogla da začne dete, Bog mu je na kraju rekao da će on dobiti sina u sledećoj godini.

Ovo je bilo potpuno nemoguće sa ljudskim znanjem, ali Avram je stavio svoje poverenje u Boga i nikada nije sumnjao. Bog je prepoznao njegovu veru kao pravednu, i kako je on verovao začeo je Isaka. Ali kako je Isak rastao i bio ljubak, Bog je rekao Avramu da žrtvuje Isaka kao žrtvu kao žrtvu paljenicu. Avram je verovao da će ga Bog oživeti čak iako ga da kao žrtvu paljenicu, jer Bog mu je već rekao da će mnogi potomci doći kroz Isaka. On je mogao da podari svog jedinog sina, Isaka, bez imalo uzdržavanja zato što je iskreno poštovao Boga.

Nakon što je Avram prošao kroz mnoga iskušenja i testove, Bog ga je nazvao „prijateljem Božjim" i postavio ga kao „oca vere." Nakon završnog testa davanja svog jedinog sina Isaka kao žrtvu paljenicu, on je dobio sve blagoslove koje čovek može da dobije, kao što su blagoslovi za decu, zdravlje, bogatstvo i dugi život.

Bog traži iskrenu decu koja mogu da dobiju blagoslove i

povedu brojne duše ka putu spasenja kroz molitvu vere i ljubav koju je Avram imao. Bog pokazuje nama dela kreacije, kontroliše život i smrt, i dela koja prevazilaze prostor i mesto zato što On želi iskrenu decu koja imaju srce Boga.

Postanak 18:17-19 kaže: *„A Gospod reče: Kako bih tajio od Avrama šta ću učiniti, kad će od Avrama postati velik i silan narod, i u njemu će se blagosloviti svi narodi na zemlji? Jer znam da će zapovediti sinovima svojim i domu svom nakon sebe da se drže puteva GOSPODNJIH i da čine što je pravo i dobro, da bi Gospod navršio na Avramu šta mu je obećao."*

Ako bi samo razumeli osnovne principe Božjeg prostora koji su objašnjeni do ovog momenta, mi možemo da razumemo događaje u Bibliji u većoj dubini, i mi takođe možemo da iskusimo njih i u našim životima. Mi možemo da idemo van ljudskih ograničenja ako postanemo iskrena Božja deca ako verujemo u Boga i povratimo izgubljenu sliku Boga. Iz ovog razloga vaskrsli Gospod Isus daje nam poslednju reč pre nego što se On uzdigao na nebo. „*...vi ćete primiti silu kad siđe Duh Sveti na vas; i bićete Moji svedoci i u Jerusalimu i po svoj Judeji i Samariji i čak do najdaljih delova zemlje*" (Dela Apostolska 1:8).

Koja je prečica za dobijanje moći Boga i da postanemo svedoci Gospodovi? To je da posvetimo naše srce, i da se revnosno molimo da bi postali osoba od potpunog duha, tako da bi mogli da koristimo prostor Božji. Šta više, mi treba da se borimo da kultivišemo Božju pravdu i potpuno volimo da bi mogli da nasledimo najlepše nebesko mesto boravka Novog Jerusalima i čak i prostor Božji.

Poglavlje 2

Božji lik

Jedan može da povrati izgubljeni lik Božji jednom kada postane iskreno dete Božje koje ima srce Boga. Ali to ne znači da on može da postane kao Sami Bog. Bog može da postoji samo kao svetlo bez ijednog oblika, ili On može da stavi određeni oblik.

Bog stavlja oblik za ljudsku kultivaciju

Čovek stvoren po Božjem liku

Mi ne možemo direktno da vidimo lice Božje

Veličina Božjeg oblika

Božji lik iz aspekta Apostola Jovana

Učestvovanje u predivnoj prirodi

Kakvu vrstu izgleda ima Bog? Koliko visok On može biti? Kako jedan prihvati Isusa Hrista i sazna više o Bogu, on će postati radoznao o liku Božjem isto kao i o kraljevstvu nebeskom. Kada su deca odvojena od roditelja duže vreme njima će nedostajati roditelji i uželeće se njih. To je slično za nas kada tražimo Boga i žudimo za Njim duboko u našoj prirodi.

Jevanđelje po Mateju 5:8 kaže: *„Blago onima koji su čistog srca, jer će Boga videti.“* Biti „čist u srcu“ znači „ne ograničiti svoj um na ništavne stvari nego biti čist i neokaljan u istini.“ Srce je to koje je čisto i neokaljano i sa kojim mi ne mislimo zlo ili sa grubošću. Stih kaže čisti u srcu će videti Boga i šta to znači? To ne znači da će oni videti lično lice Boga. To znači da će oni osetiti Boga time što će dobiti od Boga sve što budu tražili.

Ali to ne znači da oni nikad neće videti Božji lik. To samo znači da oni ne mogu videti Božje lice direktno (Izlazak 33:20). Bog je duh tako da mi ne možemo kompletno da spoznamo Božji lik zato što mi nismo sposobni da vidimo Boga direktno. Ali Bog kaže da smo mi stvoreni po Njegovom liku tako da mi možemo da izvedemo zaključak da mi i Bog delimo nešto zajedničko što se tiče izgleda. Mi možemo iz Biblije možemo da zamislimo kako bi Bog mogao da izgleda i to je otkrivenje o Bogu.

Bog stavlja oblik za ljudsku kultivaciju

Mi nalazimo u Postanku 3:14 gde Bog objašnjava o sebi kao: *„JA SAM ONAJ ŠTO JESTE.“* On je savršeno biće koje je postojalo samo od Sebe još pre večnosti. Ljudi imaju ograničeno znanje tako da mi mislimo da sve mora da ima početak. Zato Bog koristi reč „početak“ ali to je samo da bi mi shvatili.

U Jevanđelju po Jovanu 1:1 piše: *„U početku beše Reč, i Reč beše u Boga, i Reč beše Bog.“* A Postanak 1:1 kaže: *„U početku stvori Bog nebo i zemlju.“*

Bog je stvorio čoveka kada je On stvorio neba i zemlju i sve stvari u njima, i na ovaj način „početak“ u knjizi Postanka postavljen je u odnosu sa čovekom. Sa druge strane, početak pomenut u Jevanđelju po Jovanu poglavlje 1 je tačka u vremenu koja je takva bila pre vremena stvaranja. Šta više, to nema nikakav odnos sa čovekom.

Na početku Bog je postojao u prostoru koje je duhovno kraljevstvo, što je nevidljivo za naše oči. Bog je postojao kao prelepa i sjajna svetlost i vladao je nad svime lebdeći nad svim prostorima u univerzumu. Bog je čovečan kao što je i božanstvo i iz ovog razloga On je planirao ljudsku kultivaciju da bi okupio iskrenu decu i počeo da postoji kao Trojstvo: Otac, Sin i Sveti Duh.

To je bilo u trenutku kada je Bog počeo da ima lik. Postanak 1:26 kaže: *„Potom reče Bog: Da načinimo čoveka po Našem* *obličju...“*

Naravno, to nije fizički oblik kao kod čoveka. To je bio duhovni lik da otelotvori Boga koji je duh. Anđeli, nebeska vojska, ili heruvimi su svi duhovna bića ali oni nemaju pojedinačne oblike. Bog na početku nije imao određeni oblik, ali do neke mere On je imao specifičan oblik.

Trojedini Bog je stavio oblik za nas ljude, i kada je Bog stvorio zemlju, što je faza za ljudsku kultivaciju, On je došao dole na zemlju. On je tragao za onim što će zemlji biti potrebno u budućnosti i kako će On napraviti te stvari. Onda je On počeo u stvari sa stvaranjem svih stvari.

Čovek je stvoren po Božjem liku

Trojedini Bog je stvorio čoveka po Njegovom liku šestog dana stvaranja. Ovo ne znači da samo spoljašnji izgled čoveka je bio po liku Božjem. To takođe znači da je naše srce stvoreno po srcu Božjem.

Ali od nepokornosti Adama, ljudi su izgubili lik koji su dobili kada su bili stvarani, i oni su svi bili obojeni grehovima. Kada je Adam izgubio lik Božji to ne znači da je spoljašnji lik nestao, već znači da je on izgubio prirodu Boga što je sveti miris. Ljudi su stvarani od duha, duše i tela, ali kao ishod greha, duh svih ljudi je „umro.“ Od tog vremena pa na dalje, oni nisu postali drugačiji od životinja koje su stvorene samo sa dušom i telom.

Ali kad je došlo vreme, Bog je poslao Isusa na ovu zemlju da otvori put spasenja kako bi svi mogli biti spašeni. Za svakoga ko prihvati Isusa Hrista, Bog mu daje Svetog Duha kao dar. Onda, njegov mrtvi duh će biti oživljen, i on može da počne da vraća izgubljeni lik Božji. Sveti Bog želi da Njegova deca imaju takođe svetost u njima. Zbog toga On nas navalentno savetuje govoreći: *„Budite sveti, jer sam Ja svet"* (1 Petrova Poslanica 1:16).

Bog ne gleda u izgled već u srce svake osobe. Mi možemo da postanemo iskrena Božja deca ako se borimo protiv i odbacimo grehove do mere da prolivamo krv i da odbacimo sve oblike zla. Mi možemo da povratimo izgubljeni lik Božji i da odajemo jaku svetlost našeg duhovnog oblika do mere da ličimo na Boga koji je Svetlost.

1 Poslanica Jovanova 5:18 kaže: *„Znamo da nijedan koji je rođen od Boga, ne greši, nego koji je rođen od Boga čuva se, i nečastivi ne dohvata se do njega."* Bog štiti one koji žive po Reči Božjoj i ne čine greh. Zbog njihove sjajne svetlosti, neprijatelj đavo i Sotona nemogu da dođu blizu njih.

Namera Božjeg stvaranja zemlje i čoveka je da okupi iskrenu decu koji imaju lik Božji. Ali skoro svaki čovek od vremena stvaranja nije kultivisao ili nije kultivisao lik Božji. Postojali su mnogobrojni ljudi rođeni posle Adama, ali samo pregršt njih je u stvari kultivisalo vrstu srca koju je Bog želeo da oni imaju. Takvi ljudi su šetali sa Bogom i otkrili su Njegovu slavu u njihovim životima. Oni su izvodili moćna dela koja su bila van ljudskih zamisli. Ilija je doneo na zemlju vatru sa Neba; Avram je praktično darovao svoj jedinog sina kao žrtvu; apostol Pavle je bio odan sa svim svojim životom i ljubavi. Kada je Bog video ljude poput ovih, On je bio radostan.

Naprotiv, čak i pored onih koji su bili korišćeni za kraljevstvo Božje, postojali su ljudi koji nisu mogli da se smatraju kao „iskreni ljudi Božji." Na primer, u slučaju Jeliseja, on je naučio sve od Ilije i dobio je duplu porciju Ilijine inspiracije. Ali njegovo srce nije bilo savršeno kao kod Ilije (1 Knjiga Kraljeva 2:24). Kada su ga deca pratila i ismevala ga, on ih je na kraju prokleo. Dve ženke medveda izašle su i raskidale su četrdeset i dva deteta.

Lot je takođe video dobrotu Avrama, ali ipak nije mogao da kultiviše Avramovo srce dobrote. On je dobio materijalne blagoslove zahvaljujući Avramu i u opasnim situacijama njegov život je bio spašen zbog Avrama. Ipak, on nije mogao da kultiviše savršeno srce.

Naravno, Jelisej je izvodio mnoge neverovatne stvari i ljudi su govorili da je on čovek Božji. Ali samo su ga ti ljudi poštovali kao proroka. Iskreni čovek Božji nije samo osoba koja je korišćena od Boga da služi Božjim namerama samo na trenutak. To je osoba koja je povratila lik Božji imajući sveto i čisto srce koje je oslobođeno od bilo kog srama ili mrlje.

Mi ne možemo direktno da vidimo lice Božje

Još od Adamove propasti, niko u Prvom nebu nije imao mogućnost da direktno vidi Božje lice koji je Sam Svetlost. Bog je duh i mi ne možemo Njega da vidimo fizičkim očima. Osim toga, Izlazak 33:20 kaže: „*Ali nećeš moći videti lice Moje, jer ne može čovek Mene videti i ostati živ!*“

Ilija je bio uhvaćen na nebu bez da vidi smrt, i ipak on nije mogao da vidi Boga direktno. 1. Knjiga Kraljevima 19:12-13 kaže: „*A iza trusa dođe oganj; ali Gospod ne beše u ognju, a iza ognja dođe glas tih i tanak. A kad to ču Ilija, zakloni lice svoje plaštom i izašav stade na vratima od pećine. I gle, dođe mu glas govoreći: Šta ćeš ti tu, Ilija?*“ Ilija je obavio svoje lice u svoju mantiju samo kada je čuo blag zvuk od Boga.

Sudije 13:22 takođe kažu: „*I reče Manoje ženi svojoj: Zacelo ćemo umreti, jer videsmo Boga.*“ Manoje je otac Samsona. Isaija takođe kaže: „*Jao meni, pogiboh! Jer sam čovek nečistih usana, i živim usred naroda nečistih usana, jer Cara GOSPODA nad vojskama videh svojim očima*“ (Isaija 6:5).

Ljudi su bili ubijani čak i kada su maltretirali mesto ili predmet koji je bio odvojen za za Boga. To je bio slučaj sa ljudima u Bet-šemesu koji su stavljeni u smrt zato što su gledali u čamac GOSPODA (1. Samuelova Poslanica 6:19).

Zato što su ljudi umirali što su videli lice Božje direktno, Bog je indirektno otkrio Sebe. On je pokazao Sebe u vatri u žbunu, ili u vatri ili u oblacima. Ponekad je On pokazivao Sebe u čudima kao što su odvajanje Crvenog mora i zaustavljanje sunca i meseca; ili u znakovima kada hromi ustanu, slepi progledaju, gluvi čuju, mutavi progovore, ili kada mrtvi ožive.

Bog je takođe pokazao Njegov lik kroz Gospoda Isusa kao što

je rečno u Poslanici Kološanima 1:15: *„Koji je obličje Boga što se ne vidi, koji je rođen pre svake tvari."* Jevanđelju po Jovanu 1:18: *„Boga niko nije video nikad; Jedinorodni Sin koji je u naručju Očevom, On Ga javi"* i Jevanđelju po Jovanu 14:9 Isus kaže: *„Koji vide Mene, vide Oca; pa kako ti govoriš: „Pokaži nam Oca?""*.

Danas, mnogi ljudi kažu da veruju u Boga ali oni zaista ne znaju ko je On, i oni ne razumeju Njiegovo srce dobro. Oni zamišljaju kakv je Bog u njihovoj sopstvenoj koncepciji. To je kao mala živa žaba koja živi u bunaru koja misli da je malo, okruglo nebo koje se vidi celi nebeski svod. Slično tome, ovi ljudi ne mogu da podele svoju ljubav sa Bogom Ocem, i šta više, kada vide one koji su voljeni od Boga, oni misle da je to čudno.

Isus je pokazao lik Božji

Zašto Isus kaže u Jevanđelju po Jovanu 14:9: *„Koji vide Mene, vide Oca"?* Isus je u Bogu Ocu i Bog je u Isusu i zato su Oni su kompletna jedinka. Iz ovog razloga, reči koje Isus izgovori ne dolaze iz Njega samog već su date od Oca Boga.

U Jevanđelju po Jovanu 12:49-50 On kaže: *„Jer Ja od Sebe ne govorih, nego Otac koji Me posla On Mi dade zapovest šta ću kazati i šta ću govoriti. I znam da je zapovest Njegova život večni. Šta Ja dakle govorim onako govorim kao što Mi reče Otac"* i u Jevanđelju po Mateju 15:30-31: *„I pristupiše k Njemu ljudi mnogi koji imahu sa sobom hromih, slepih, nemih, uzetih i drugih mnogih, i položiše ih k nogama Isusovim, i isceli* *ih. Tako da se narod divljaše, videći neme gde govore, uzete zdrave, hrome gde idu, i slepe gde gledaju; i hvališe Boga Izrailjevog."*

Kada je Isus svedočio Ocu sa rečima, Bog je pokazao da je on Svemoguć kroz znakove, čuda i neverovatnim i čudesnim stvarima. Oni koji veruju i prate Isusa mogu da vide moć Božju i da daju slavu Bogu. Ali oni koji ne veruju u Isusa ostavljaju Njega i rasejani su. Oni nisu verovali u Isusa čak iako su svedočili neverovatnim delima Božjim, samo zato što se ove stvari ne poklapaju sa njihovim sopstvenim teorijama i znanjem.

Isus je samovoljno uzeo na ovaj način krst da ispuni proviđenje spasenja zato što je On bio kompletno jedan sa Bogom Ocem. On je imao jedno srce koje je želelo da spasi ljudstvo, grešnike, čak iako je put bio put patnje. On je imao istu volju sa Bogom Ocem u tome da On Sam mora da postane žrtva iskupljenja. Iz ovog razloga, Isus je uzeo put bez imalo ustezanja iako je to bio tužan i težak put da povede ljudski put razmišljanja.

Zašto ne smemo da napravimo Božji lik?

U Izlazku poglavlje 3, Bog je pozvao Mojsija iz plamena od žbuna na planini Horeb. On mu je rekao da povede sinove Izraela koji su patili u Egiptu u obećanu zemlju Kana. Koji je bio razlog da se Bog pojavio u plamenu od žbuna?

Očigledno kada žbunje zahvati vatra ono će biti istrošeno. To je bilo nešto neobično da se žbunje nije istrošilo vatrom niti da je plamen nestao. Bog je nameravao da dozvoli Mojsiju da vidi da postoji duhovni, neuništivi svet.

Takođe, žbun je bio smatran da simbolizuje „kletvu" i prema tome, Božji glasnik koji se pojavio u plamenu vatre u žbunu znači da je Bog taj koji kontroliše čak i ukleti žbun. Ovo zauzvrat predstavlja u duhovnom smislu da neprijatelj đavo i Sotona su pod kontrolom Boga. Mojsije postaje osoba koja ima kvalifikacije iz Božjeg aspekta kroz četrdesetogodišnje iskušenje, i konačno Bog ga je pozvao da bude vođa Izraela.

Ali kasnije, kada je Bog otkrio Sebe sinovima Izraela u plamenu na planini Horeb, oni su samo čuli Njegov glas ali nisu mogli da vide nikakav lik. Ponovo, Bog podseća njih o ovoj činjenici i strogo zabranjuje njima da prave bilo kakav lik. „*Zato čuvajte dobro duše svoje; jer ne videste nikakav lik u onaj dan kad vam govori GOSPOD na Horivu isred ognja, Da se ne biste pokvarili i načinili sebi lik rezan ili kakvu god sliku od čoveka ili od žene, Sliku od kakvog živinčeta koje je na zemlji, ili sliku od kakve ptice krilate koja leti ispod neba, Sliku od čega što puže po zemlji, ili sliku od kakve ribe koja je u vodi pod zemljom. I da ne bi podigavši oči svoje k nebu i videvši sunce i mesec i zvezde, svu vojsku nebesku, prevario se i klanjao im se i služio im; jer ih GOSPOD Bog tvoj dade svim narodima pod celim nebom*" (Ponovljeni Zakon 4:15-19).

Koji je razlog što je Bog ovo rekao? Ljudi su stvoreni u fiksiranom obliku, a prema tome oni imaju sklonost da takođe naprave lik Boga. Bog je bio zabrinut da će ako jesu, oni ograničiti prirodu Boga iznad okruga određene slike. Ako su napravili sliku Boga, to neće pomoći njima da Njega bolje razumeju, već će to radije njih sprečiti da vide pravu sliku Boga time što će biti zavedeni „pogrešnim" likom. Zauzvrat, ovo će možda njih navesti da služe idolima, što je jedna od stvari koju Bog najviše mrzi.

Bog je duh, i kako mi možemo da napravimo Njegovu sliku da bi Njega opisali? Tako da, Mojsije je pitao Boga da pokaže Sebe njemu, On je obećao da će On radije pokazati lik dobrote nego pravi, materijalni lik.

Baš kao kada se voda smrzne da postane led, ili ključala voda da postane para, Bog može da pokaže Sebe u različitim oblicima koji imaju samo jednu prirodu. Na ovaj način On pomaže ljudima da razumeju Njega bolje, jer je On duh i ljudi imaju svoja fizička ograničenja.

Veličina Božjeg oblika

Mnogi delovi iz Biblije imaju neke izraze o Božjim delovima tela kao što su: „Tvoje oči" (1 Knjiga Kraljevima 8:29), „uši" (Nemija 1:6), i „ruke" (Isaija 65:2). Da li ovi izrazi imaju simboličko značenje? Ovo nije slučaj.

Bog ne postoji kao bezoblična praznina. On ima određeni oblik što znači da je on jasno supstanca. Ali On je drugačiji od ljudi u smislu da On ima oblik koji je od duha samog bez fizičkog tela dok ljudi imaju duh, dušu i telo. Bog je u obliku sjajne svetlosti, i mi ne možemo Njega da vidimo direktno. Štaviše, On je sasvim potpuno različit u smislu da je Adam imao prvi oblik i onda je bio ispunjen istinom, dok Bog je sama istina i onda On počinje da ima oblik.

Neki možda misle da Bog postoji u velikom telu jer je On Stvoritelj koji je stvorio sve stvari u univerzumu i vlada nad njima. Naravno, On ima veliki oblik, ali On slobodno može da menja Njegov oblik. Prema tome, mi ne možemo da razumemo kakav je Njegov oblik ako mi mislimo sa ljudskim razmišljanjem.

Čak i nakon što uđemo na Nebo, mi imamo osnovne razlike od Boga. Čovek će imati duhovno telo koje je prošlo kroz ljudsku kultivaciju u fizičkom telu na ovom svetu. Kako bilo, Bog može i da ima i oblik ili može da izađe iz određenog oblika. Ali ljudi će biti ograničeni u oodređenom obliku koji nikada neće da se promeni na Nebu. To je nekako kao kada mi možemo da napravimo neki oblik od gipsa, ali jednom kada završimo sa pravljenjem određenog oblika mi ne možemo da ga vratimo u pravu materijal.

Bog može da postoji kao jedna svetlost bez da ima oblik, ili On može da uzme oblik. Na Četvrtom nebu, Bog obično ne uzima oblik i On samo postoji kao svetlost i glas. Ali On uzima oblik kada je On sa prorocima ili kada dolazi dole u Treće nebo ili nebesko kraljevstvo. On stavlja oblik kada je On na mestu gde treba On da stavi oblik, i On nema oblik kada On ne mora da ga ima. On može i slobodno da kontroliše veličinu Njegovog oblika.

Na primer, u Četvrtom nebu materija nije fiksirana kao čvrsta, tečna ili gas. Ista materija može da menja svoj oblik slobodno kako Bog zaželi to u Njegovom srcu. Tako da, Bog je prvobitno postojao kao svetlost i zvuk i nije imao oblik, ali kada On dolazi na Treće nebo On može da ima određeni oblik.

Prvi čovek Adam, napravljen je po ovom liku, liku Božjem u Trećem nebu, što je takođe i lik koji ćemo mi videti kada odemo na nebo. Ali čak iako On ima isti oblik, On će se različito pojavljivati kada je On u Četvrtom nebu i kada je On u Trećem nebu. To je zato što svetlost, slava, dostojanstvo i sve stvari izgledaju drugačije u skladu sa različitom dimenzijom.

Na primer, čak i isto parče kristala će izgledati drugačije u skladu sa vrstom svetlosti i mestom gde je kristal smešten. Isto tako, slava i oblik originalnog Boga u Četvrtom nebu će izgledati drugačije u prostoru koji je sa nižom dimenzijom. Čak i u istom duhovnom kraljevstvu, oblici izgledaju drugačije u skladu sa različitom dimenzijom, i razlike će biti još veće ako Bog dolazi dole do Prvog neba, fizičkog prostora.

Više od toga, videti Boga iz ovog fizičkog sveta kroz otvorene hodnike duhovnog kraljevstva i videti Boga koji je došao dole na ovu zemlju i stavio ograničenja u ovom fizičkom prostoru, je potpuno drugačije. Proroci ili anđeli ne mogu da ograničavaju fizički prostor, tako da čak iako se pojave u fizičkom prostoru, oni su ipak u prostoru duha. Ali Bog može da stavi bilo koji prostor pošto On krije u Njegovom srcu jer je On Stvoritelj koji je stvorio sve vrste prostora. On može da se pojavi u fizičkom prostoru dok je u duhovnom prostoru, i On takođe može da se pojavi u fizičkom obliku, koji je vidljiv za ljude.

Božje pojavljivanje kroz duhovne prolaze

Mi možemo da nađemo mnoge zapise u Bibliji o Samom Bogu koji dolazi dole na ovu zemlju za vreme ljudske kultivacije. Kako Bog dolazi dole na zemlju?

Kao što u Postanku 11:5 čitamo: *„A Gospod siđe da vidi grad i kulu, što zidahu sinovi čovečiji,"* Bog Sam dolazi dole na zemlju da vidi šta ljudi rade. I On se spušta da vidi Mojsija kao što je napisano u Izlazku 19:18: *„A gora se Sinajska sva dimljaše, jer siđe na nju Gospod u ognju; i dim se iz nje podizaše kao dim iz peći, i sva se gora trešaše veoma"* a u Brojevima 11:25: *„I Gospod siđe u oblaku i govori k njemu, i uzevši od duha koji beše na njemu metnu na onih sedamdeset ljudi starešina. I kad duh dođe na njih, prorokovahu. Ali više nikad."*

Bog nije vezan za promene u protoku vremena. Oba i fizički i duhovni prostor pripadaju Njemu. Ali činjenica ostaje da On ipak koristi duhovni hodnik da dođe dole na ovaj svet. On nije morao da dođe kroz duhovni hodnik, ali On je tako učinio da ne bi Sam prekršio pravilo zakona.

Čak iako je Sam Bog bio tamo, čovek od mesa u to vreme nije mogao da Njega vidi. Ali onima čije su duhovne oči bile otvorene i koji su komunicirali sa Bogom mogli su da vide Boga u skladu sa merom do koje su oni došli u duhu. Naravno, to nije da se Bog vidi licem u lice, ali oni su mogli da vide i osete Njega iznad granica dozvoljene od Boga.

Izlazak 33:11 kaže: *„I GOSPOD govoraše s Mojsijem licem u licu kao što govori čovek s prijateljem svojim."* Ali ovo ne znači da je Mojsije video lice Boga direktno. To znači da se Bog pokazao Mojsiju na poseban način tako da Mojsije nije umro nakon što je video slavu Boga. To je bilo zbog toga što je Mojsije bio blag i mnogo skromniji od bilo koga drugoga na kugli zemaljskoj, i on je bio odan celoj Božjoj kući.

Izlazak 33:18-19 kaže: „*Opet reče Mojsije: Molim Te, pokaži mi slavu svoju! A Gospod mu reče: Učiniću da prođe sve dobro Moje ispred tebe, i povikaću po imenu: GOSPOD pred tobom; smilovaću se kome se smilujem, i požaliću koga požalim.*“

Ali u Izlasku 33:23 mi možemo da razumemo da Mojsije nije video Božje lice već Njegova leđa. On je bio još više skromniji i blaži od bilo koga drugoga na ovoj zemlji i odan celoj Božjoj kući, i ipak on nije mogao da vidi Božji lik direktno zato što je bio ograničen u granicama fizičkog tela.

Bog se pojavio Avramu

U Postanku poglavlje 18 mi čitamo da je Avram služio tri osobe sa svim svojim najboljim. Ovo je bio slučaj kada su se Bog Sveti duh i dva arhanđela pojavila u ljudskom obliku. Bog i Sveti Dug su jedno sa Bogom Ocem, i On može da se pojavi u ljudskom obliku kada stavi fizički prostor dok On krije to u Njegovom srcu.

Kako, onda, dva arhanđela mogu da se pojave u ljudskom obliku? Oni ne mogu da stave fizički prostor sa svojom sposobnošću, ali to je bilo moguće zato što su bili sa Bogom

Svetim Duhom u prostoru Boga Svetog Duha. Ali Bog i Sveti Duh i dva arhanđela koji su se pojavili u ljudskom obliku ne znači da su oni bili ista ljudska bića. To je bilo da su samo stavili oblik ljudskog oblika na vrhu njihovog duhovnog oblika tako da njihov duhovni oblik me mogao da bude viđen u fizičkom prostoru.

Njih trojica, naime Bog Sveti Duh i dva arhanđela jeli su hranu koju je Avram služio njima (Postanak 18:8), ali njihov način jedenja je bio drugačiji od ljudskog jedenja. Oni nisu žvakali i varili hranu kao što to ljudi rade, ali odmah kako su pojeli, hrana je odmah nestajala u vazduh. Ovo je slično kada je vaskrsli Gospod jeo hranu i hrana se nekako rastvorila i nestala kroz dah. Naravno, staviti fizički oblik za momenat nije bilo isto kao i biti vaskrsnuto telo. Vaskrslo telo je fizičko telo na ovoj zemlji koje se menja u duhovno telo, ali za tri osobe u to vreme, oni su začas postojali kao telo koje je dogledno da bude u fizičkom prostoru kao što je to bilo potrebno.

Razlog zbog koga je Bog Sveti Duh morao da dođe dole na ovu zemlju sa dva arhanđela i stavio je fizički prostor je taj da je On morao da pogleda direktno u Sodomu i Gomoru. Naravno, On je mogao da dođe dole u duhu da bi to uradio, ali On je imao razlog da ode na zemlju i vidi ih lično.

Dva arhanđela su se pojavila u ljudskom obliku, i zbog toga oni su mogli da zasigurno provere koliko su ljudi korumpirani tamo. Oni su videli lepotu dva arhanđela i gledali su kako da im nanesu zlo. Bog Sveti Duh i dva arhanđela mogli su direktno da iskuse i osete zlo ljudi iz Sodome i Gomore zato što su došli u pravom ljudskom obliku ispred njih.

Postanak 18:13 kaže: *„Tada reče GOSPOD Avramu...“* Iz ovog stiha mi možemo da zaključimo da jedan koji se pojavio ispred Avrama je bio GOSPOD Bog. Ali kaže se da je on video troje ljudi tako da mi možemo da razumemo način na koji se Bog pojavio ispred Avrama.

Postojalo je nekoliko načina u kojima se Bog pojavljivao ispred Avrama. On je mogao da pokaže Sebe ispred Avrama u snovima ili viziji, ili On je mogao samo da mu da Njegov glas. Ovo su bile metode koje su otvorile duhovni prostor ispred Avrama koji je bio u fizičkom prostoru tako da je on mogao da vidi i oseti Boga koji je bio u duhovnom prostoru. U takvim slučajevima, jedan može da vidi Boga i čuje Njegov glas samo kada su njegove duhovne oči i uši otvorene. Ako nisu otvorene nečije duhovne oči, on nikada ne može da vidi šta se dešava, čak iako je Bog sa njim.

Ali kada se Bog pojavio zajedno sa dva arhanđela, to je bilo potpuno drugačiji slučaj. U to vreme, to nije bilo samo otvoriti duhovni prostor u fizičkom prostoru da bi Njega napravili vidljivim u fizičkom prostoru. Ovo je bio slučaj gde je On ustvari izašao u fizičkom prostoru. Kroz ograničeni stepen, On stavlja fizički prostor i izlazi u fizički prostor.

Ako je pre toga izgledalo kao da vidimo Božju sliku na TV-u, kasnije je kao da Bog izlazi iz TV-a. Ako Bog dolazi do fizičkog prostora i stavlja ograničenje fizičkog prostora, ljudi mogu da vide Njega čak iako njihove duhovne oči nisu otvorene, i u takvom slučaju Bog može da bude viđen kao ljudsko biće.

Gospod u obliku jake svetlosti

Sada, kako izgleda pojavljivanje Boga Sina? Ponekad mi čujemo od ljudi koji govore da su videli Gospoda u snu ili viziji. Većina njih kaže da je On bio prepun milosti i ljubavi i da je to zato što je On ugasio Svoju svetlost kako bi pokazao Sebe u izdanju prepunom milosti. Ako On pokaže božansku vlast i dostojanstvo koji je isti nivo kao kod Boga Stvoritelja, niko se ne bi mogao usuditi da ga direktno pogleda.

Ovo je razlog zašto mi ne možemo da vidimo Gospoda na nebu osim ako ne usaglasimo mir sa svim ljudima, i posvetimo se (Jevrejima Poslanica 12:14). Svetlost Gospoda je samo previše jaka. Samo oni koji idu u duh ili potpuni duh će moći da vide Gospoda zato što svetlost njihovog sopstvenog tela će biti takođe jaka.

Apostol Jovan je video pojavljivanje Gospoda u njegovoj viziji. On opisuje oči, noge i kosu Gospoda do detalja. Mi takođe možemo da zamislimo pojavljivanje Gospoda Oca iz opisivanja Gospodovog pojavljivanja.

Otkrivenje Jovanovo 1:14-15 kaže: *„A glava Njegova i kosa beše bela kao bela vuna, kao sneg; i oči Njegove kao plamen ognjeni. I noge Njegove kao bronza kad se rastopi u peći; i glas Njegov kao huka voda mnogih.“*

To kaže da je Gospodova kosa bila bela kao bela vuna, i to znači da je On oslobođen zla, i da On stoji u sredini savršene dobrote. Kaže se da su Njegovo oči kao plamen ognjeni, ali to ne znači da su Njegove oči strašne. To znači da su sijale i okruživale i činile da se drugi osećaju toplo. To takođe znači da su gorele sve grehove i zlo. Niko ne može da se sakrije od očiju Gospoda, i sve će biti jasno otkriveno ispred Njega. Kaže se da su Njegove noge kao rastopljena bronza. Što je više prerađujete, čistija bronza će biti. Mnogo puta u literaturi oni upoređuju oči sa prelepom ženom sa trepćućim zvezdama ili sa crvenim usnama. Slično Jovan je uporedio Gospodove noge sa rastopljenom bronzom. Noge su deo tela koji ljudi smatraju za najprljavijim. I Jovan je napisao da su čak i Gospodove noge najsvetije i veličanstvene.

Otkrivenje Jovanovo 1:16-17 takođe kaže: *„...i lice Njegovo beše kao što sunce sija u sili svojoj. I kad Ga videh, padoh k nogama Njegovim kao mrtav. I metnu desnicu Svoju na me govoreći mi: Ne boj se, Ja sam Prvi i Poslednji...“*

Apostol Jovan je bio posvećen i merodavan da dobije otkrivenje Boga, ali on je postao kao mrtva osoba ispred Gospoda. Gospod je postavio Njegovu desnu ruku na Jovana govoreći mu da se ne plaši. To znači da Gospod mu je dao zadatak da piše Knjigu Otkrivenja koja će probuditi mnoge na kraju vremena time što ga je overio kada je stavio Njegovu ruku. Takođe, to je da je Gospod utešio Jovana kako bi on ispunio njegovu dužnost u miru.

Božji lik iz aspekta Apostola Jovana

Apostol Jovan je video Božji presto i stvari oko njega i napisao je o njima u Otkrivenju Jovanovom poglavlje 4. On je video događaj koji se dogodio mnogo vremena posle nakon što ga je zapisao. Kao u ovom slučaju, sa Božjom dozvolom, mi možemo da budemo na svakom mestu u svakom stepenu u vremenu bilo da je prošlost ili budućnost, prolazeći kroz vreme i prostor. Mi možemo da vidimo Nebo i Pakao, vreme pre Stvaranja, i takođe Sud Velikog Belog Prestola koji će se dogoditi u budućnosti.

U slučaju Apostola Jovana, njegov duh se odvojio da bi video duhovno kraljevstvo. Ovde, odvajanje duha se odnosi na nečiji duh koji izlazi iz njegovog tela. Jedan može da vidi duhovno kraljevstvo kroz viziju, ali u viziji on može da vidi samo delove. Iz ovog razloga kada Bog želi da nam pokaže širu sliku, On radi kroz odvajanje duha. Onda, kako je apostol Jovan mogao da vidi Božji presto.

On je podneo toliko mnogo osuda i progona u ime Gospoda dok nije navršio devedeset godina. On je bio bačen u ćup sa ključajućim uljem ali nije umro zbog Božjeg delovanja. On je na kraju bio prognan na ostrvo Patmos. On je dobio otkrivenje od Boga dok je imao duboke molitve na ostrvu. On je za to vreme bio potpuno posvećen kroz duboke molitve i mnoga iskušenja kroz koja je prolazio. On je dobio otkrivenje do mere svetosti, i zbog toga je njegov duh mogao da ide visoko kao presto Božji.

U Otkrivenju Jovanovom 4:3 on opisuje presto Božji kao što sledi:

I Onaj što seđaše beše po viđenju kao kamen jaspis i sard; i oko prestola beše duga po viđenju kao smaragd.

U Božjem posebnom proviđenju Jovan je video Boga i Božji presto, ali nije mogao da vidi detalje Božjeg lica, jer svetlost koja je izlazila iz Njegovog lica bila je mnogo jaka. Baš kao što mi ne možemo da gledamo u sunce koje sija jakim sjajem, mi ne možemo da vidimo lik Božji koji je Svetlost sve dok imamo duhovnu tamu u nama. Da bi mogli da vidimo Božji lik, mi moramo da odbacimo zlo i imamo srce Boga da bi postali savršeno svetlo. Samo oni koji ulaze u Treće kraljevstvo neba ili iznad mogu da vide Božji lik.

Jovanov duh je otišao gore do Božjeg prestola ali on nije mogao da vidi pravi oblik Božjeg lica. Tako da, on je rekao da je Bog poput kamena jaspisa ili sarda u pojavljivanju.

„Poput kamena jaspisa" znači da su različite vrste kamena izbijale iz Boga. Ako zasija svetlost na jaspis, ono će reflektovati mnogo vrsta prelepe svetlosti, i slično tome postoje mnogo vrsta različite svetlosti koja izlaze iz Boga. Jaspis takođe nosi značenje „čistoće, biti besraman, odan i pravedan." Jovan apostol opisuje Boga upoređujući Njega sa dragocenim kamenom koga ljudi smatraju vrednim na ovom svetu.

„Poput sarda" simbolizuje da je Bog sjajan i brilijantan, i On je prelep kao plamen vatre. Sard, koji je crvenkaste boje, sadrži svetlo Svetog Duha koji je Bog. Bog Otac i Bog Sveti Duh su jedno, i svetlo koju Sveti Duh sakriva je takođe pronađena u Bogu Ocu. Međutim, boje jaspisa i sarda su često nađene u svom Trojstvu.

„Duga“ simbolizuje obećanje (Postanak 9:12-13). Bog je pokazao dugu kao znak Njegovog obećanja da On nikada neće kazniti ljudstvo sa vodom nakon Noevog potopa. Jovan upoređuje oblik duge koja opkoljava presto Boga i svetlost smaragda koja izlazi iz njega. Njemu se sviđale boje i svetlost duge do smaragda iznad granica njegovog znanja.

Smaragd simbolizuje Božju odlučnost, smelost i snagu. Na zabavi sa laserima mi možemo da vidimo različite svetlosti koje se pokazuju u različitim momentima. Različite boje svetlosti pojavljuju se u sekvencama, ili trepću zajedno da bi dala veći i lepšu scenu. Kada ljudi vide ove zabave, svako će osetiti različitu svetlost drugačije. Neki će se možda fokusirati na samo nekoliko posebnih boja dok će drugi pokušati da objasne mešane boje sa primerom.

Apostol Jovan je takođe video svetlost koja izlazi iz Boga, presto Božji, i svetlost različitih boja koja izlaze iz duge, i on je izrazio njih u primerima dragog kamenja. Veoma je teško da se izrazi lepota Neba sa primerima svetskih predmeta. Prema tome, mi treba da mislimo da svetlost koja izlazi iz Boga i Njegovog prestola su kao par dragog kamenja, ali pokušajte da osetite lepotu ovih prelepih svetlosti u inspiraciji Svetim Duhom.

Učestvovanje u predivnoj prirodi

U Četvrtom nebu Bog postoji kao svetlost koja sadrži blagi glas iznad svetlosti. To je mesto koje ima najjaču svetlost i najlepše moguće boje iznad svih upoređenja. Misterija i jasnost svetlosti originalnog Boga ispunjava celi prostor. Ono ne može biti uporedivo sa ničime na ovom svetu ni na jednom ljudskom jeziku. Ako jedan ode na takvo mesto, on može da vidi misterioznu svetlost Boga i da oseti širinu Njegovog srca. Samo nekoliko odabranih ljudi koji su kultivisali isti prostor i dimenziju srca Božjeg, mogu da uđu u prostor sa dozvolom Boga. Ako osoba koja nije kvalifikovana da uđe ipak uđe u prostor, njegov duh će biti razasut i nestaće.

Mi možemo da imamo jedno srce sa Bogom ako uđemo u dimenziju savršene svetlosti kao deca Svetlosti. Onda, stvari će biti urađene kako ih sklanjamo u našim srcima, i mi možemo da pokažemo nezamislivu moć Boga. Kako bi uradili ovo, mi moramo da povratimo izgubljeni lik Božji i da imamo srce Božje. Mi možemo da komuniciramo sa Bogom do mere da smo odbacili sve vrste zla i ispunili ceo duh da bi postali savršena svetlost. Jednom kada dostignemo ovaj nivo, mi ćemo dobiti sve što smo tražili u molitvama i mi ćemo takođe biti u velikoj poziciji u kraljevstvu nebeskom.

U skladu sa merom do koje smo ispunili svetost i imamo sličnost srcu Božjem, mi možemo da koristimo prostor Boga dok idemo izvan ljudskog ograničenja, i mi takođe možemo da vidimo Božji lik. Mojsije je video lik Boga jer je bio najpokorniji od svih ljudi na kugli zemaljskoj i on je bio odan celoj Božjoj kući. Avram je video Boga koji je došao dole na ovu zemlju u fizičkom obliku, jer je bio veoma blizu savršenog svetla.

Bog je napravio plan za ljudsku kultivaciju da bi okupio

iskrenu decu, i On je ispunio sve što se ticalo života i dobrote sa Njegovim misterioznom moći. Prema tome, mi moramo da pokušamo da budemo niti beskorisni niti neuspešni u našem iskrenom poznavanju Gospoda Isusa Hrista. Mi možemo da stojimo uspravno u zvanju i odabiru Boga kako se mi u našoj veri snabdevamo sa moralnom nadmoćnosti, i u našoj moralnoj savršenosti, znanje, i u našem znanju, samo kontroli, i u našoj samo kontroli, toleranciji i u našoj toleranciji, pobožnosti, i u našoj pobožnosti, bratskoj dobroti, i u našoj bratskoj dobroti, ljubavi.

U 2. Petrovoj Poslanici 1:3-4 čitamo: „*...budući da su nam sve božanstvene sile Njegove, koje trebaju k životu i pobožnosti, darovane poznanjem Onog koji nas pozva slavom i dobrodetelji. Kroz koje se nama od Njega darovaše časna i prevelika obećanja, da njih radi imate deo u Božjoj prirodi, ako utečete od telesnih želja ovog sveta.*"

Za nas da bi učestvovali u božanskoj prirodi, je da ispunimo savršenu svetlost koja je dovoljno dobra da bi bila absorbovana od svetlosti Božje Na ovaj način mi možemo da imamo kvalifikacije da uđemo u prostor Božji. To je da bi učestvovali u božanskoj prirodi ako ispunimo svetlost koja je slična savršenoj svetlosti Boga i idemo napred do prostora gde originalni Bog boravi. Sada, šta mi treba da uradimo da bi učestvovali u božanskoj prirodi?

Prvo, mi moramo da kultivišemo savršeno srce duha.

Mi moramo da postanemo jedno sa Bogom koji je duh, i

prema tome mi moramo da kultivišemo savršeno srce duha. Ako imamo bilo koji oblik zla, ili naš krug razmišljanja, mi ne možemo da učestvujemo u božanskoj prirodi. Mi moramo da odbacimo sve vrste zla (1 Solunjanima Poslanica 5:22), i sva telesna razmišljanja (Poslanica Rimljanima 8:6) da bi imali srce duha.

Da bi imali srce duha je da imamo potpuno duhovno, iskreno i odano srce koje Bog želi da mi imamo. Samo nakon što imamo ovakvo srce mi možemo da razumemo šta Bog, Gospod i Sveti Duh zaista žele. Isus je došao na ovu zemlju i iskusio je ljutnju, žalost, umor i bol. On je radio po Reči Božjoj i ispunio je Zakon sa ljubavi.

Čak iako je On prolazio kroz veoma veliki bol dok je imao ljudsko telo, On je ipak pratio volju Boga. On se nije raspravljao niti je podizao Njegov glas već je ispunjavao volju Božju potpuno žrtvujući Sebe. Prema tome, mi ne smemo da dajemo nikakve izgovore govoreći da su ljudska bića slaba. Mi moramo da učestvujemo u božanskoj prirodi tako što ćemo odbaciti sve oblike grehova i zla i imamo pobožna dela i pobožno srce.

Koj vrstu srca vi imate? Ja sam objasnio kvalifikacije koje moramo da imamo da bi ušli u prostor svetlosti, i sa njima mi možemo da proverimo sebe. Mi možemo da proverimo sebe do koje mere smo odbacili dela mesa, stvari mesa, zlo; i do koje mere smo kultivisali vrstu dobrote koju Bog želi; koliko mnogo volimo Boga iz dubine našeg srca i odajemo aromu dobrote; i do koje mere ćemo mi ubrati devet voća Svetog Duha i voće Blaženstva.

Da bi imali mir, na primer, ako mi možemo da imamo mir sa svim ljudima, to znači da mi imamo srce duha, mi smo bliži svetlosti Gospoda, i mi učestvujemo u božanstvenoj prirodi do iste mere. Mi možemo da kažemo da imamo savršeno srce duha samo kada beremo voće Svetog Duha, duhovnu ljubav pronađenu u 1 Poslanici Korinćanima poglavlje 13, voće Blaženstva, i voće Svetlosti, i ne samo 50% ili 60%, već 100%.

Drugo, mi moramo da se molimo sa inspiracijom Svetog Duha.

Bog ne želi aromu iz molitve koja je izvođena po službenoj dužnosti. On želi da se mi iskreno molimo da bi kultivisali srce kao Božje. Ljudi mogu da se mole isti vremenski period ali je aroma srca različita od osobe do osobe. Neki se zadovoljavaju samo činjenicom da su ispunili količinu dnevne molitve dok drugi čak ni ne primećuju da vreme prolazi kada se mole zbog toga što se oni osećaju veoma srećni kada se mole pred Bogom da promene sebe sa svojom ljubavlju prema Njemu.

Mi treba da pokažemo dela duhovnog kraljevstva u ovom fizičkom svetu. Da bi to učinili mi moramo da primimo snagu i moć od Boga koji obitava u duhovnom svetu. Zato naše molitve ne smeju biti nuđene samo po službenoj dužnosti. Bog želi da se mi molimo svim svojim srcem zato što ga volimo.

Da bi primili moć od Boga mi moramo da nudimo duhovne molitve koje mogu da prodru kroz fizički prostor i otvore prostor duha. Da bismo to učinili mi ne treba da se molimo kako nam se sviđa ili dok smo preokupirani beskorisnim mislima. Takve molitve ne mogu da prodru u duhovnni prostor. One će samo biti beskorisne. Bog ne može biti pokrenut uz takve molitve. Ako vas vaša deca tvrdoglavo pitaju da im date samo ono što ona žele iz svoje pohlepe kako biste se vi osećali kao roditelji? Vi ćete verovano biti razočarani.

Takođe u 1. Korinćanima Poslanici 2:10 čitamo: „*A nama je njih Bog otkrio Duhom Svojim; jer Duh sve ispituje, čak i dubine Božije.*" Mi moramo da se molimo sa inspiracijom Svetog Duha koji je u našim srcima. Onda, mi ćemo biti u mogućnosti da se molimo za stvari koje su odgovarajuće i po volji Božjoj i takođe ćemo mi razumeti šta da činimo. Mi ćemo biti sposobni da otvorimo kapije duhovnog prostora i imamo komunikaciju sa Bogom koji je u duhovnoj dimenziji zato što ćemo mi biti ujedinjeni sa Svetim Duhom u nama.

Treće, mi moramo da volimo i prihvatimo svakoga sa velikom ljubaznošću.

Srce duha koje odslikava Boga već sadrži ljubav i velikodušnost ali ja još jednom naglašavam ljubav i velikodušnost. To je zbog toga što mi moramo biti sposobni da volimo svakog oko nas zbog toga što mi volimo Boga i mi moramo da imamo otvoreno srce i velikodušnost kako bi bili sposobni da prihvatimo svakoga. Mi treba da budemo puni ljubavi i velikodušnosti i brinuti o svima oko nas koji imaju brige ili koji su izmoreni. Srce Boga je otvoreno van merljivosti a On je toliko delikatan i brižljiv da On brine za siročiće i udovice i o situacijama koje su zanemarene.

Kada mi s ljubavlju brinemo čak i malim stvarima i podučavamo druga uz svoju velikodušnost to radimo da bi uzeli učešće u božanskoj prirodi. Mi treba da budemo svesni sebe i promenimo se kroz Božju Reč kako bismo uzeli učešće u božanskoj prirodi.

Kada mi imamo kompletno srce svetlosti i imamo učešće u božanskoj prirodi, kao što sam ranije objasnio, mi možemo da odemo u prostor svetlosti i prostor Boga. Ako mi odemo u Božji prostor mi ćemo biti sposobni da vidimo specijalno svetlo tog mesta. Mi ćemo takođe osetiti Božje srce koje je toliko otvoreno i veliko. Šta više čak iako je naše fizičko telo u fizičkom prostoru mi ćemo iskoristiti Božji prostor koji mi posedujemo u našim srcima da manifestujemo čudesne stvari koje su van ljudskog shvatanja.

1. Jovanova Poslanica 15 kaže: *„I ovo je obećanje koje čusmo od Njega i javljamo vama, da je Bog videlo, i tame u Njemu nema nikakve.“* Ako mi obitavamo u savršenom Božjem svetlu, to znači da mi imamo jedno srce sa Bogom i sve što mi poželimo u srcu biće ispunjeno i mi ćemo izvoditi ogromnu moć koju ljudi ne mogu da zamisle.

Ja se molim u ima Gospoda da ćete vi imati te kvalifikacije tako da vi uživate u svim blagoslovima u kojima je Avram uživao i otići na najveličanstvenijim pozicijama na Nebu koje je večni prostor svetlosti.

Autor:

Dr. Džerok Li

Dr. Džerok Li je rođen u Muanu, Džeonam provinciji, Republika Koreja, 1943. god. U svojim dvadesetim, Dr. Li je sedam godina patio od mnoštva neizlečivih bolesti i iščekivao smrt bez nade za oporavak. Jednog dana u proleće 1974. god, njegova sestra ga je odvela u crkvu i kad je kleknuo da se pomoli, Živi Bog ga je momentalno izlečio od svih bolesti.

Od trenutka kad je Dr. Li sreo Živog Boga kroz to divno iskustvo, on je zavoleo Boga svim svojim srcem i iskrenošću, a u 1978. god., je pozvan da bude sluga Božji. Molio se revnosno uz nebrojene molitve u postu kako bi mogao jasno da razume volju Božju, u potpunosti je ispuni i posluša sve Reč Božju. Godine1982. je osnovao Manmin centralnu crkvu u Seulu, Koreja i bezbrojna dela Božja uključujući čudesna isceljenja, znaci i čuda se dešavaju u njegovoj crkvi.

U 1986. god. Dr. Li je zaređen za pastora na godišnjem Zasedanju Isusove Sungkjul crkve Koreje i četiri godine kasnije u 1990. god. njegove propovedi su počele da se emituju u Australiji, Rusiji, na Filipinima i mnogim drugim zemljama, preko Radiodifuzne kompanije Daleki Istok, Azija radiodifuzne kompanije i Vašingtonskog hrišćanskog radio sistema.

Tri godine kasnije, 1993. god., Manmin centralna crkva je izabrana za jednu od „Svetskih top 50 crkava" od strane magazina *Hrišćanski svet (Christian World)* (SAD), a on je primio počasni doktorat bogoslovlja od Koledža hrišćanske vere, Florida, SAD i 1996. god. iz Službe od Kingsvej teološke bogoslovije, Ajova, SAD.

Od 1993. god., dr. Li prednjači u svetskoj evangelizaciji kroz mnogo inostranih pohoda u Tanzaniji, Argentini, Los Anđelesu, Baltimoru, Havajima i Nju Jorku u Sjedinjenim Američkim Državama, Ugandi, Japanu, Pakistanu, Keniji, Filipinima, Hondurasu, Indiji, Rusiji, Nemačkoj, Peruu, Demokratskoj Republici Kongo, Izraelu i Estoniji.

U 2002-oj godini nazvan je „svetskim obnoviteljem" od strane glavnih hrišćanskih novina u Koreji zbog njegovih moćnih bogosluženja u različitim inostranim evangelističkim pohodima. Posebno tokom njegovog

„Pohoda u Nju Jork 2006-te godine " koji se održao u Medison Skver Gardenu (Madison Square Garden) najpoznatijoj svetskoj areni i emitovan je za 220 nacija a na njegovom „Ujedinjenom Izraelskom pohodu" održanom u Kongresnom centru u Jerusalimu on je hrabro rekao da je Isus Mesija i Spasioc. Njegove propovedi emitovane su za 176 nacija putem satelita uključujući GCN TV i bio je svrstan kao jedan od top 10 najuticajnijih hrišćanskih vođa 2009-e i 2010-e godine od strane popularnog Ruskog hrišćanskog časopisa *U pobedu (In Victory)* i nove agencije *Hrišćanski telegraf (Christian Telegraph)* za njegovu moćnu svešteničku službu TV emitovanja i njegove inostrane crkveno pastorske službe.

Od jyн 2018. god., Manmin Centralna Crkva ima zajednicu od preko 130.000 članova. Postoji 11 000 ogranaka crkve širom planete uključujući 56 domaćih ogranaka crkve i do sad više od 100 misionara su opunomoćena u 26 zemlje, uključujući Sjedinjene Države, Rusiju, Nemačku, Kanadu, Japan, Kinu, Francusku, Indiju, Keniju i mnoge druge.

Do datuma ovog izdanja Dr. Li je napisao 112 knjige, uključujući bestselere: P*robanje Večnog Života Pre Smrti, Moj Život, Moja Vera I i II, Poruka Sa Krsta, Mera Vere, Raj I& II, Pakao* i *Moć Božja.* Njegove knjige su prevedene na više od 76 jezika.

Njegove Hrišćanski rubrike se pojavljuju u *Hankok Ilbo, JongAng dnevniku, Dong-A Ilbo, The Chosun Ilbo, Seul Šinmunu, Kjunghjang Šinmun, Hankjoreh Šinmun, Korejski ekonomski dnevnik, Šisa vesti,* i *Hrišćanskoj štampi.*

Dr. Li je trenutno na čelu mnogih misionarskih organizacija i udruženja uključujući: predsedavajući, Ujedinjene svete crkve Isusa Hrista; stalni predsednik, Udruženje svetske hrišćanske preporodne službe; osnivač i predsednik odbora, Globalna hrišćanska mreža (GCN); osnivač i član odbora, Mreža svetskih hrišćanskih lekara (WCDN); i osnivač i član odbora, Manmin internacionalna bogoslovija (MIS).

Druge značajne knjige istog autora

Raj I & II

Detaljna skica predivne životne okoline u kojoj rajski stanovnici uživaju i prelepi opisi različitih nivoa nebeskih kraljevstva

Poruka sa Krsta

Moćna probuđujuća poruka za sve ljude koji su duhovno uspavani! U ovoj knjizi naći ćete razlog da je Isus jedini Spasitelj i iskrenu ljubav Božju.

Pakao

Iskrena poruka celom čovečanstvu od Boga, koji ne želi da ijedna duša padne u dubine Pakla! Otkrićete nikad do sad otkriveni iskaz o okrutnoj stvarnosti Nižeg Hada i Pakla.

Duh, Duša i Telo I

Vodič koji nam daje duhovno objašnjenje duha, duše i tela i pomaže nam da pronađemo kakvog „sebe“ smo mi načinili da bi mogli da dobijemo moć da pobedimo mrak i postanemo duhovna osoba.

Mera Vere

Kakvo mesto stanovanja, kruna i nagrade su spremne za vas na nebu? Ova knjiga obezbeđuje mudrost i smernice za vas da izmerite vašu veru i gajite najbolju i najzreliju veru.

Probuđeni Izrael

Zašto Bog upire Svoje oči na Izrael od početka sveta pa do današnjeg dana? Kakvo Njegovo proviđenje je spremljeno za Izrael u poslednjim danima, koji očekuje Mesiju?

Moj Život, Moja Vera I & II

Najmirisnija duhovna aroma izvučena iz života koji je cvetao sa neuporedivom ljubavlju za Boga, u sred crnih talasa, hladnih okova i najdubljeg očaja.

Moć Božja

Obavezno-pročitati, koja služi kao suštinski vodič po kojem čovek može posedovati pravu veru i iskusiti čudesnu moć Božju.

www.ingramcontent.com/pod-product-compliance
Lightning Source LLC
LaVergne TN
LVHW101919220826
846093LV00009B/300

* 9 7 9 1 1 2 6 3 0 4 1 6 5 *